なんにもない部屋の
もの選び

ゆるりまい

汚家《おうち》がなんにもない家になるまで

ものがなんにもない家にすることができました
バーーン
だから今ではものがあると耐えられない
ものに囲まれて暮らすなんて無理
汚家の反動…
できれば裸ひとつで生きていきたいほど
散らかる原因のものなんか大嫌いです
待ちなお嬢ちゃん
はっその声は担当編集のIさん
いつもこの登場の仕方……

ものが嫌い？
そんなはずないでしょう？
くっ……
家族はものを大事にしすぎて
ひとつも捨てられず汚家になって
長い間苦しんできたんです
だから私はものが嫌い！
冷酷にものを捨てて
いきたいんです
ゆるりさん
そろそろお腹が空いて
いるでしょ
あれ？ カツ丼ですか？
私 カツ丼は
好きじゃないです
その手は通用しないぜ…
M メディア
F ファクトリー
って
牛タン?!
そうよ
デザートは
ずんだ餅よ
ふるさとの味を堪能なさいな
うう…おいしい…
お腹いっぱいで
テールスープまで
飲み干せるかしら
でもずんだは別腹……
Iさん！
私 白状します

私　本当はっっ
ものが大好き！
汚家の反動で「なんにもない」を目指しているのに
素敵なものに目がないんです
こくり
分かってる分かってるんです
でも！好きなんです！
渋谷
私は汚家時代から今まで本当にたくさんのものを捨ててきました
家にテキトーなものしかなかったから「お気に入りの雑貨に囲まれて暮らす」なんてただの虚像だと思っていたぐらいです
お気に入りだけに囲まれて暮らすってできる訳なくなーい？
その頃は身の回りのものが憎らしかった…

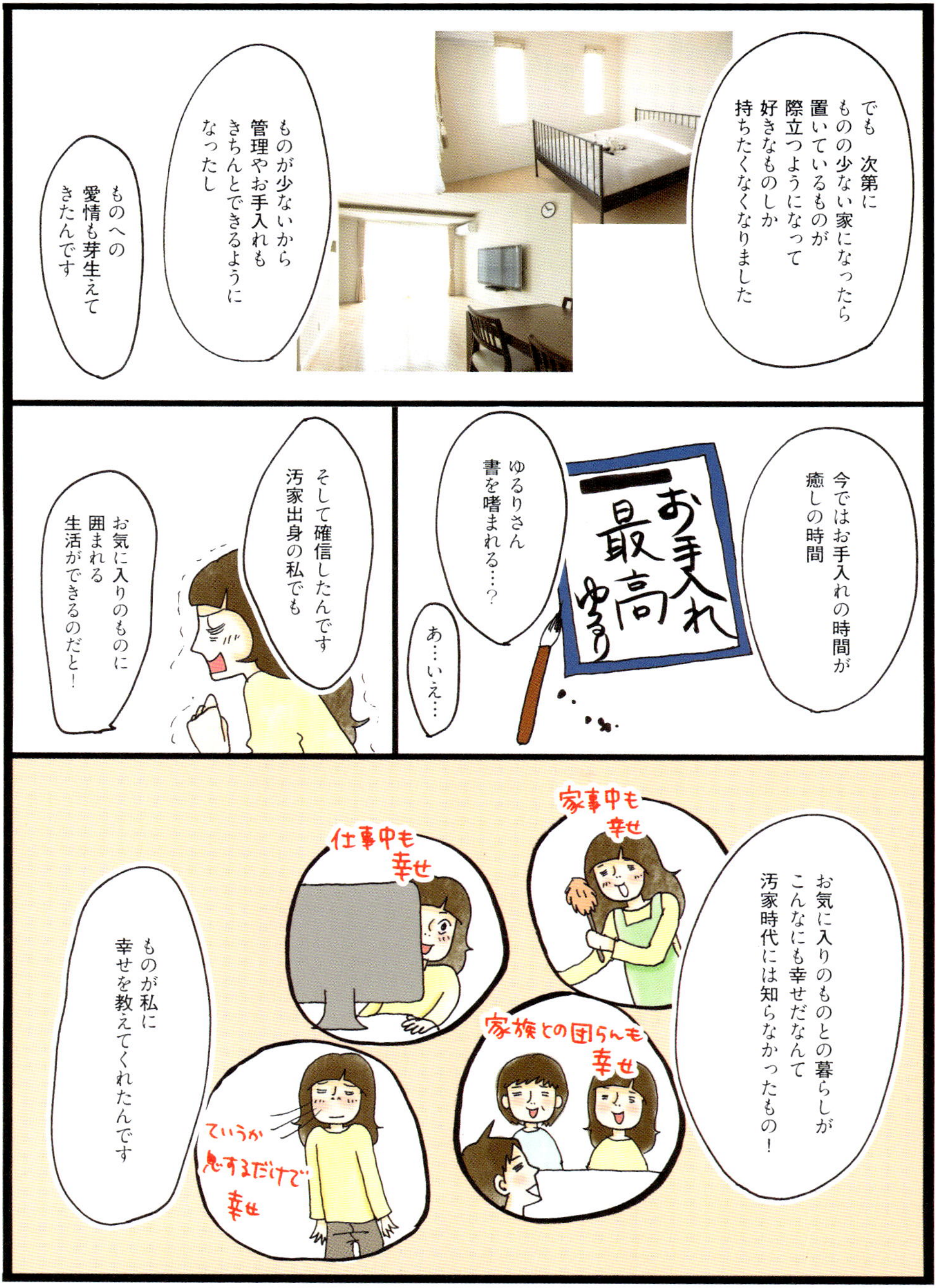
でも 次第に ものの少ない家になったら 置いているものが 際立つようになって 好きなものしか 持ちたくなくなりました
ものが少ないから 管理やお手入れも きちんとできるように なったし
ものへの 愛情も芽生えて きたんです
今ではお手入れの時間が 癒しの時間
お手入れ最高 ゆるり
ゆるりさん 書を嗜まれる…？
あ…いえ…
そして確信したんです 汚家出身の私でも
お気に入りのものに 囲まれる 生活ができるのだと！
お気に入りのものとの暮らしが こんなにも幸せだなんて 汚家時代には知らなかったもの！
家事中も 幸せ
仕事中も 幸せ
家族との団らんも 幸せ
ていうか 息するだけで 幸せ
ものが私に 幸せを教えてくれたんです

ふふ…ゆるりさん
私なんだか
感動しちゃいましたよ
ぐずず
Iさん…
その想い KADOKAWA
メディアファクトリー
ブランドカンパニーに
ぶつけてみないかい？
シャキーーン
え？ っていうか
社名が長い…
その熱い想い…
ゆるりさんなりの
ものへのラブレターって
やつですよ
ものへの…
ラブレター…？
トゥクン…
それは
あの子にもこの子にも
書かないとっっ!!
ガンバレッ
ガンバレッ
ゆ・る・りっ!!
金王八幡宮
……ということで これから
私とお気に入りのものたちとの愛と出会いの
ストーリーをお伝えしたいと思います

はじめに

なんにもない部屋で、ものを愛して生活中

汚家時代の私は、ものを持つことが苦痛でした。なぜなら、当時の我が家には「好きなもの」も「そうでないもの」もごちゃまぜに積み重なって、ただ、乱雑な有様だったから。

気に入って買ったはずなのに、汚家に置いておくと、だんだん愛情が薄れて、捨ててしまったものもたくさんあります。

さらに、私は物欲が強くて好きなものへの愛着、いやむしろ執着が激しい性質。

日用品や消耗品であっても「これ、好きだわ〜」と思いながら使いたい。家にあるもの全てが私の理想の相手であってほしいのです。ものが好きだから、数は少なくていいから手元にあるもの全てに愛を注ぎたいっっ…！

家中100％理想のもの、まだその境地に至る途中段階ですが、今の私ができる限り選び抜いて、愛情を持ちながら使っているものを、この本ではご紹介したいと思います。

便利で使いやすい実用品から、使い勝手よりも手触りや見た目がツボで買ったものまで、「なんにもない家」に生き残ったものたちを、余すことなくお見せします！

もくじ

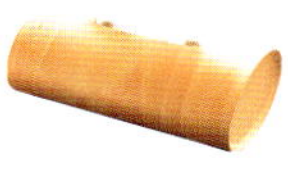

2章

3章　我が家を支える、功労アイテム　70

特にお気に入りには
このマークが
ついています！

※本書にでてくるものは、全て作者の私物です。現在は入手できない場合もある旨、ご了承ください。

1章

職人の技が光るものが好き

物欲の強い私が、最も惹かれるもの。それは民芸品や、昔ながらの工業製品など「職人」の手で作られてきたものたちです。

そうしたものたちは、取り扱いに注意が必要だったり、手入れが大変だったりするのですが、毎日見ても飽きなくて、使うたびに「ああ、やっぱりいい……！」と幸せな気持ちになれるのです。この章では、そんな私が愛してやまない職人技が光るものをご紹介したいと思います。

リビングの収納の中でも存在感を放つ、あけびのかご(P36)には、書類が入っています。

01

お手入れの楽しさを知った

真鍮《しんちゅう》の雑貨

どこのもの？／ すべて FUTAGAMI

買った場所／ 雑貨屋、ネット通販、プレゼント

仕事道具からキッチン用品まで、少しずつ収集

汚家時代の私は、家に対する愛情がほとんどありませんでした。それはものに対しても言えること。

お手入れ＝面倒と思い、身の回りにあるのは、ほとんどがメンテナンスフリーのものばかり。

しかしものを捨てまくって、家にあるものが自分の管理できる量まで減った時、「手間ひまかけて大切にできるものを持ちたい」という願望が芽生えるようになりました。今の自分ならお手入れができる！　そう思ったのです。

最初に買ったのは、FUTAGAMIの真鍮のトレイでした。近くに取り扱っているお店がなかったので、ネット通販で買ったのですが、届いてみてびっくり。ずっしりと重いんです。落としたら大惨事。お茶を載せて運ぶときなど、一瞬も気を抜けません。

でもそんなことはいい！　と言い切ってしまうくらい美しい。鈍い光の中に輝きを感じる真鍮の魅力にまんまとハマりました。

そしてコレクション癖のある私は、そのトレイを皮切りに、こつこつとFUTAGAMIの製品を集めるように。

中でも愛しているのが、仕事場のデスクライト。ずっしり重いので猫がパンチしてもへっちゃらの安定感。さらにスイッチが可愛い。ピンっと弾くと、真鍮特有の「チーン」とした響きがたまりません。

真鍮の質感を楽しみつつ、磨いた後に「チーン」と鳴らすのが、お手入れの楽しみです。

持ち味の重量感が生かされているテープカッター。

テープを切る時びくともしない。

結婚のお祝いで
たまたまいただいた
FUTAGAMIの鍋敷き。
好きすぎて念が届いて
しまったのか。

黒いFUTAGAMIも
ある。おはぐろを
擦り込んでいるそうな。

にっ

私が墓場まで
持っていきたいライト

これだけはぁ!!
チーンという
いい響き……

02

小物の収納はこれ！

木の箱いろいろ

どこのもの？／ すべて倉敷意匠
買った場所／ 雑貨屋、ネット通販

我が家の収納の必需品

我が家には、いたるところに倉敷意匠の箱があります。クローゼットや仕事道具入れの中、リビングの収納などで、かわいらしい存在感を放つ木の箱は、真鍮製品と同じく、コレクター魂をくすぐられた逸品です。

初めて買ったのは、写真右奥の救急箱。新品なのに、ずっと持っていたかのような、あたたかい木の風合いが気に入って購入しました。

倉敷意匠の製品の多くは、フレッシュさや華美な部分はないけれど、決して周りの雰囲気を壊さない、家にあると安心感がある製品が多いのです。素朴だけど、一緒にいてなんだか落ち着く……私が男だったらこんな女性と結婚したい！　と見当違いな発言を大声で言ってしまいそうなくらい、あたたかな魅力を持っているのです。

振り返ってみると、木製品の良さに気付いたのも、お手入れの楽しさを知ったのも、倉敷意匠を知ってからでした。

私のお気に入りのひとつに、ソーイングボックスがあります（写真中央左）。中身は、ペンやマスキングテープなど仕事用の文具を入れているのですが、そばにあるだけで、仕事のモチベーションをぐんぐん上げてくれるありがたい存在です。

もうひとつのお気に入りが、手提げ小箱（写真手前左）。これは本当に愛らしい形をしています。今はハンカチとブローチ入れにしていますが、秘密の宝箱を開けているような気持ちにさせてくれる小箱なので、私にもいくらか乙女の気持ちが残っていたのかと安心させてくれる一品です。

倉敷意匠が好きになる
きっかけとなった救急箱。

お手入れの楽しさも教えてくれた倉敷意匠。

大好きなもの同士の
コラボは見逃せない

木のふたは
思わずなでなで
してしまう！

倉敷意匠×野田琺瑯の
キャニスター♡♡

私も実は乙女だった！
可愛いものしか詰めたくない小箱！

私もまだまだ乙女でしてよ！

03

料理のときも片付けのときも大活躍

琺瑯《ほうろう》の容器

どこのもの？／ 野田琺瑯

買った場所／ 雑貨屋、ネット通販

見せたくない日用品を隠してくれる実力者

野田琺瑯を使い始めたのは、ほんの数年前、インテリアにハマりだした頃のことです。当時の私は空前の真っ白インテリアブームで、ありとあらゆるものを白で揃えることにハマっていました。そこで手にしたのがひときわ白く輝く野田琺瑯だったのです。

最初は「みんな使っているし」という、なんともミーハーな理由で買ったのですが、使っていくうちに野田琺瑯の魅力にどっぷりとハマっていきました。

琺瑯は磨けば磨くほど、長くその白さを保ってくれますし、においも移りにくいし、なにより頑丈。レトロな見た目も私好みで、非の打ち所がない品です。

さらに、あらゆる用途に使えるので、食品保存から掃除用品まで、家中のものをきれいに納めてくれます。

中でもお気に入りは、四角い「お道具箱」(写真右端)と鍋のシリーズ「NOMAKU」のキャセロール20cm(写真右奥)。

お道具箱は形が好きで、開けるたびにワクワクします。今はクローゼット内でインナーを入れているのですが、中に入れるインナーもきちんと畳もうという気持ちになります。

鍋のNOMAKUは、取っ手やハンドル部分の絶妙なデザインは、使うたびに惚れ惚れし、鍋磨きにも力が入ります。ストレス解消にも役立っていて、嫌なことがあってもNOMAKUを磨けば一瞬でスッキリ。私がいつも平和でいられるのはNOMAKUのおかげかもしれない!

ゆるり家の使用頻度 BEST 6

＜お道具箱＞

インナーやくつ下などを収納。

中が見えないのが良い！

＜TUTU Lサイズ＞

ウェットティッシュを収納中。

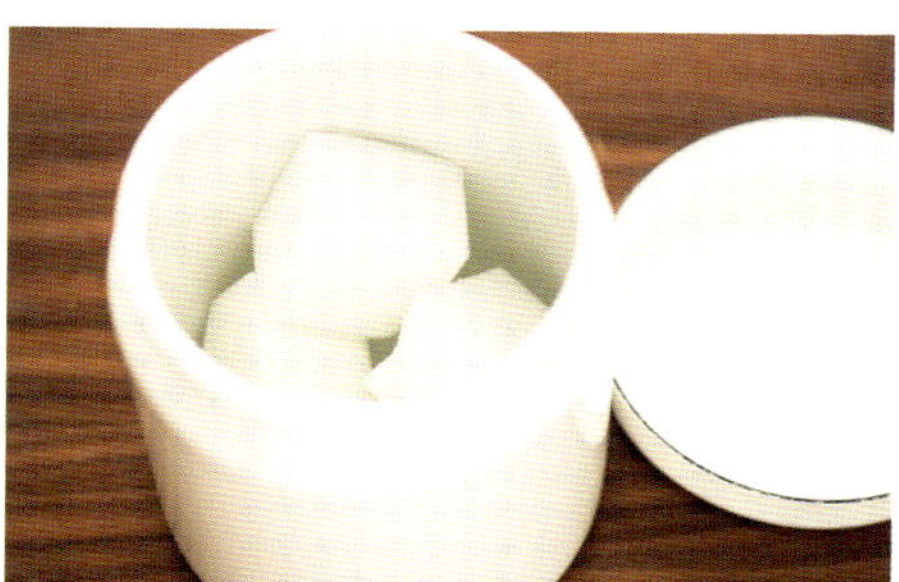

＜TUTU Lサイズ＞

メラミンスポンジを収納。

結構入ります。

サイズ違いを隣に並べるのが好きです……♡

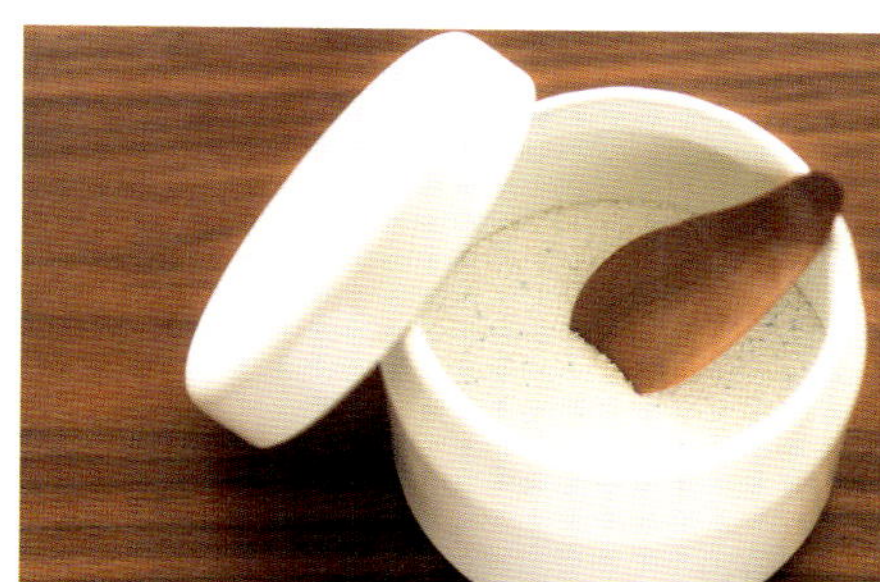

＜TUTU Sサイズ＞

食洗機用洗剤を入れています。

手で持った時におさまりの良い大きさです。

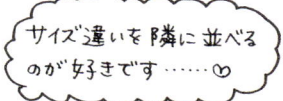

〈ラウンドストッカー 21cm〉

猫のごはん入れとして使用。
においが外にもれないのも◎

〈ラウンドストッカー 18cm〉

カラフルな猫用品を
シンプルに収納できます。

琺瑯は磨けば磨く程キレイになるので
磨き甲斐があります。

ストレス解消にもってこいの鍋磨き。

ストレスがあってもなくても
暇さえあれば磨いています。

だって使う時にキレイ
だとと〜っても
気持ちいいんだもの。

04

祖母の思い出とリンクする

オーダー傘

どこのもの？／ イイダ傘店
買った場所／ ネット通販

二年越しでやってきた超お気に入り

イイダ傘店の雨傘は、年に一度秋に受注販売を行っていて（日傘は春）、それを逃すともう一年待たなくてはいけません。

ここの傘を初めて知ったときは、すでにその年のオーダーは終わったばかりでした。

今か今かと待ちわびて、やってきました次の年の秋！　毎年生地の柄が変わるので、好みの柄がなかったらどうしよう…なんて心配もあったけれど、それは杞憂に終わりました。

完成品が届いた後気付いたことですが、私が選んだ柄は、亡くなった祖母が勝負服として着ていたジャケットの柄にそっくり。ますますお気に入りになったのは言うまでもありません。

イイダ傘店の傘が手に入るまでの
1年間は母親の使っていない傘を
借りる日々。

使って
いいよー

イイダ傘に出逢う前は
デパートの傘売り場で売っていた
YSLの傘を使っていた。

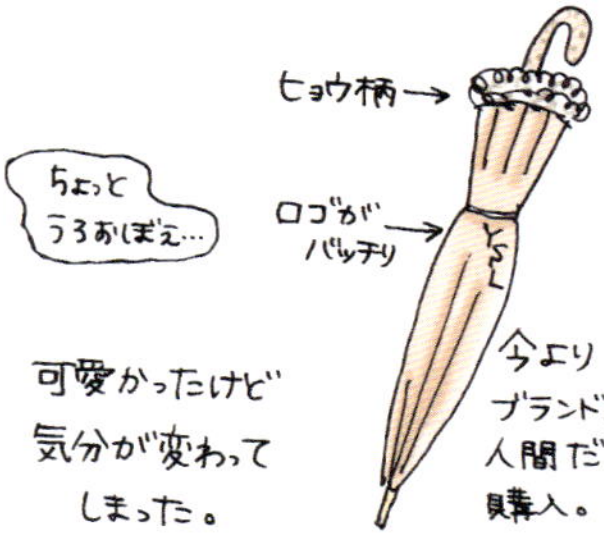
ヒョウ柄
ちょっと
うろおぼえ…
ロゴが
バッチリ

可愛かったけど
気分が変わって
しまった。

今より
ブランド大好き
人間だった時に
購入。

そしてついに届いた
念願の傘!!!

お気に入りの
1本を使えば
置き忘れたり、
乱暴に扱ったり
しないので、
長く大事にできる!

裏側に
「イイダ傘店」の
ネームが……♡♡

祖母が
現役バリバリで
仕事をしている時に
着ていたジャケットの
柄と似ていた!

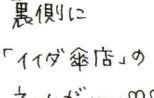

05

理想のお洒落小物

金の金具ベルト

どこのもの？／ MARTELO
買った場所／ 作家さんにオーダー

手作りならではの風合いにハマった

「せっかく持つならば、お気に入りのもの」がモットーの私ですが、長い間ベルトは妥協したものを使っていました。

しかしあるとき理想のベルト探しに目覚め、出会ったのが、このベルトでした。

頑丈そうな革と、儚げに見える真鍮の金具の組み合わせにノックアウト。見つけた瞬間、本気で軽く震えました。

しかしすぐには買う事ができず…。なぜなら私が欲しいと思ったベルトは作家さんの既に終了した展覧会用に作られた作品だったからです。

一旦は諦めたものの忘れられず、作家さんに直接連絡をして作ってもらうことに。こんなにベルトを好きになる日がくるとは、思ってもみませんでした。

05 金の金具ベルト

でもある時
お洒落さんに近付くには小物も大事なポイントなのでは!?
※服装はイメージです。実際の服とは異なります。
という事に気付く。

ずっとベルトにはあまり興味がなく…
まぁこれでいいよねぇ~
要はボトムが止まりゃあいいのよ
と情熱に欠けていた。

そこで見つけたのが
MARTELOのベルト

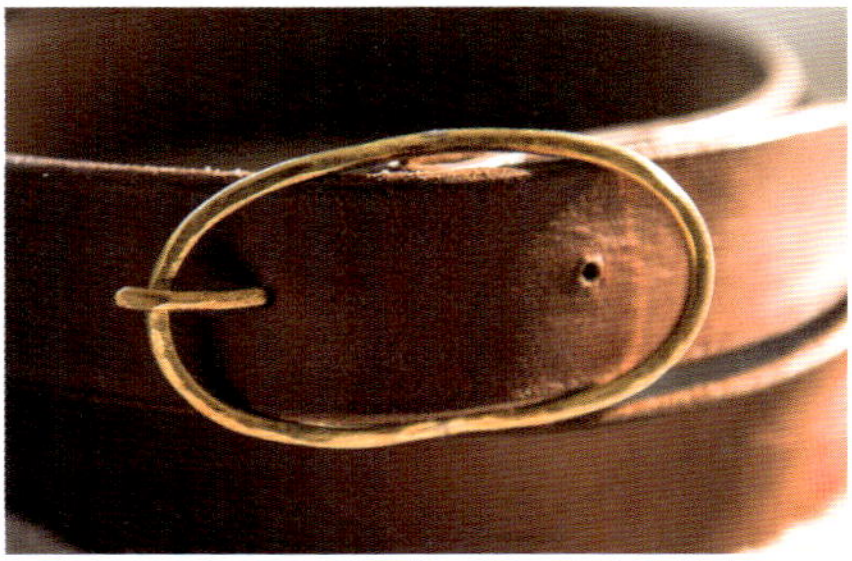

丈夫そうな革とは対照的に
儚げな金具。アンバランスなトコに
きゅん♡♡

私は今までこんなに表情を持ったベルトを見た事があっただろうか!
いや、ないっ!!

思わず
鼻血と反語が
出るくらいステキ。

06

日用品を素敵に詰め替え

陶器の瓶

どこのもの？／ 堀江陶器
買った場所／ 雑貨屋、メーカーから取り寄せ

洗面所収納のアイドル的存在

ひょうきんで憎めない形にひと目惚れ。しかも名前も「ぽってり瓶」。かわいすぎる！と用途を考えないままひとつ購入しました。その形から、夫は「ハクション大魔王のアクビちゃんに似ているなぁ」なんて言っていたっけ。

何か意外な物を入れてみよう！ と考えて、思いついたのは洗濯の柔軟剤。結果は大正解で、素っ気なかった洗濯機周りがぐっと楽しくなりました。

使ううちにもっと好きになってしまい、さらに洗剤容器としてもうひとつ購入。同じお店では取り扱っていなかったので、メーカーさんから取り寄せました。こういうときだけ行動力を発揮します。この瓶はひと目惚れの成功例です。

07

実用的かつインテリアとしても美しい

木製スツール

どこのもの?／ 迎山直樹さん作

買った場所／ ギャラリー

悩みに悩んで買った お気に入りの一脚

私の定番ひとめ惚れパターン「見た瞬間釘付け」になった、このスツール。脚のラインが非常にきれいで、触るととても滑らかで思わずほおずりしたくなるほど。すぐさま「欲しい!!」となりました。

しかし、すでに家にはスツールが一脚あり、新しく買い足したとしても使い道がない。死蔵するわけにはいかないので、お店に行っては眺め、買って良いのか自問自答を繰り返しました。

でもどうしても諦められず、半年後の冬に購入を決断。クローゼットの中で、棚の上にあるものを取るときに活躍しています。

元々あったスツールは、脚を切って仕事中の足置き台として使っています。

08

汚家脱出の象徴

ブナの木のティッシュケース

どこのもの？／BUNACO
買った場所／ネット通販

開封済みティッシュの散乱から我が家を守ってくれる！

汚家時代の頃はティッシュをケースに入れるなんて発想はありませんでした。それどころか家のあちこちに開封されたティッシュが点在して（散らかりすぎて使用中のものがよく紛失し、新しいものを出してしまう）一体いくつ出ているのか分からないほど。

「そんな時代にはもう二度と戻らないぞ！」という思いを胸に購入したのが、BUNACOのケース。四角いものが多い中、これは絶妙な曲線を描いています。青森のブナの木を使っているそうで、前後にゆらりゆらりと揺れるのがかわいい。

揺れは猫にとっても魅力的らしく、目を離した隙に猫パンチを喰らってしまい、ちょっと傷がついてしまいました…。中身はサイドのふたを開けて交換します。

09

家にいながらピクニック気分になれる

曲げわっぱ

どこのもの？／ 大館工芸社
買った場所／ ギャラリー

仕事の疲れを癒してくれるお弁当箱

私の職場は自宅です。ということは、下手すれば一日中家にいることもしばしば。

基本的に家が大好きなので全く構わないのですが、仕事の〆切が迫っているときは別。少しでもいいから外出したくてたまらなくなります（確実に現実逃避）。

そんなとき、私の心を助けてくれるのが、このお弁当箱です。

見つけたときは「自宅仕事なのに必要あるか？」と少しためらいましたが、たまには私もお弁当で食べたいな、と思い購入。

その結果、買って良かった！ 家にいながらにして、外で食べているような、ピクニック気分になれるお弁当箱は、私の大切な仕事道具です。

10

収納代わりに使えて見た目も美しい

あけびのかご

どこのもの？／ 右：古川工芸　左：宮本工芸
買った場所／ 物産展

かごは見た目と実用性が◎

長い間、クローゼット内で小物入れに使う収納容器を探していました。主な条件は、持ち運びができて、クローゼット内の景観を損ねない、控えめだけど美しいもの。

これがありそうでなかなかない。諦めかけていた時に、ふらりと立ち寄った物産展で古川工芸のあけびかごと出会いました。見た目もよく、頑丈でたくさん収納できるこのかごは、我が家ではなくてはならないものです。

写真左の宮本工芸のかごは、バッグとして買ったもののなかなか使いこなせずにいたのですが、ある時「書類入れにいいのでは？」とひらめきました。プラスチックのものより温かみがあって、使い勝手も良い。インテリアとしても収納用品としても優れています。

買ってよかった、あけびのカゴボックス。

ふた付きで中が見えにくいのがいいね

↑ 持ち手が付いているのでどこへでも運べちゃう。

ゴムでロックするなんて素敵です

ちなみに買った時のエピソードなんですが…

少し迷っていたので
これ、売り切れたら後で注文して作ってもらう事はできますか？
あぁいいよ
でも早いうちに言ってね。
腕のいい職人さんなんだけど……
え？
もうかなりの高齢なんだ……
買います。
長生きしてくれ……
即買い。

私が好きなものは

猫のくるりとぽっけも好きらしい。

シャキーン

爪とぎをする時があるので危ない。

でもとても頑丈。

どれくらい頑丈かというとくるりが乗っても平気なくらい……。

ギャーやめてっ！おりて！今すぐ！
……
なぜかほこらしげ →
ムッチリ。

11

私をアイロンがけ好きに変えた

アイロン台

どこのもの？／ 斉藤アイロン台工業
買った場所／ ネット通販

人を模《かたど》ったような素晴らしい形状

私は完璧に形から入るタイプの人間。アイロンがけが苦手だった私は「アイロンを制すには、いい道具を探すべし！」をモットーに、ネットを徘徊していたのです。

そうして見つけたのがこのアイロン台でした。大きいけれど、どっしりしているので力が入れやすく、台の上がゆるやかにカーブしているので、シャツの背中部分のしわも自然に伸びます。

少し値は張りましたが、ちょうどこの頃初めての本が出たばかりだったので、「頑張った記念」として購入しました。そういった意味でもこのアイロン台は非常に思い出深く、大切なものです。

ふだんは玄関脇の収納に置いて、使うときにえっちらおっちら、リビングに運びます。

11 アイロン台

本っ当にアイロンがかけやすいんです、このアイロン台。

アイロン台にアイロン置きは付いているものの、ちょっと置き辛いので、キッチンにあるゴミ箱を横に持ってきてサブテーブルに。

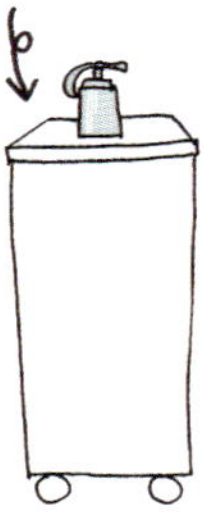

購入の決め手①
夫のYシャツや私のロングシャツも一気にアイロンがけできるよう長いものをチョイス。

購入の決め手②
立ってアイロンがけしたかった＆アイロン済みの部分が床についてシワがつくのを避けたかったので、背の高いものに。

但しちょっと重い。
組み立てる時、ちょっと危ない。

ギャー!
ガツン

ゆるやかにカーブを描いているので、
スイ〜っとアイロンできる♡

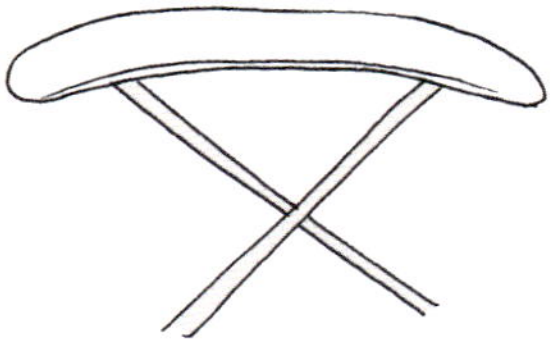

シワにならず、快適。

うっとり♡
ピシッ

でもいざとなれば戦いの時、

盾にはなると思う。

その様子を見た夫が

僕もアイロンやってみたい!
僕だって!!

と言い出し、夫もアイロンにハマった。

12

ミニマム過ぎるビジュアル

壁かけ時計

どこのもの？／ AIR FRAME
買った場所／ ネット通販

実用品なのに非実用的

リビングにかける時計を探して、インターネットの波をちゃぽちゃぽしていたら、「PICTO CLOCK」という名の時計を見つけ、目が釘付けになってしまいました。

だって、秒針のない時計はよくありますが、数字もないし、ブランドやメーカーのマークもないし、とにかくなんにもない！　ここまでやるなんて！　その潔さに感動しました。

最初の頃は、家族も見辛いとかなんとか文句を言っていましたが、慣れとはありがたいもので今では立派に我が家の看板時計になりました。この時計のように潔くありたいものです。

ちなみに、厚みもありません。手に持つと、あまりの薄さと軽さに驚きます。

最初にこの時計を見た時は
本当に驚いたなあ。

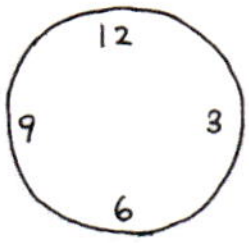
12
9
3
6

数字も
なければ

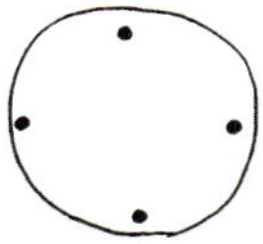

印すらない

な、な、なんにもないー
かっこよすぎる

初めて家に友達のN子とM美が遊びに来た時

まいがトイレに行っているすきにマジックで時計に文字を書いといてあげようかと思ったよ
勇気がなくてできなかったけどな

と言ってたくらいシンプルな時計。

分や秒は
心の目で見る
気合いっ

でも
我が家のリビングと
とっても合っていると
思うのです。

13

夫の実家から譲り受けた

謎のかご

どこのもの？／ 夫の実家
買った場所／ 譲り受けたもの

多くの人に大切にされたものを受け継ぐ楽しさ

　謎ってなんだよって感じなんですが、このかご本当に謎なんです。

　夫の実家に帰省した時のこと。夫の実家にはギャラリースペースがあって、骨董品好きな義父が色々飾っているのですが、その中にどんと置かれていたのが、このかごでした。

　亡くなった骨董品好きの義祖父が買ったものなのか、元々家にあったものなのか…？　詳細は全く不明。でも惹かれるものがあって、蔵から持ってきて飾っていたそう。

　この凝った作り。そして新しいものには到底出せない光沢と色合い。惹かれないわけがない！　あまりにも好きになってしまった私は図々しくも譲り受けることになり、クローゼットの中で、宝物入れにしています。

謎のカゴの美しさについて

フタを開けるとこんな感じっっ!

見て下さい!この細かな網目を!

新品の物には出せないツヤがあるよね!

それもそのハズ!なぜならお父さんが蔵から出してきた後、おばあちゃんが毎日磨いていたから!!

年代物にしか出せない風格があり、でも状態は非常に良い素晴しいカゴだと思うのですっっっ!!

あまりにも美しくて食い入るように見ていたら
アッサリ
まいちゃん、そのカゴ欲しかったらあげるよ
↑つとむ父
ええ!? いいんですか?!
飾っているのに!?
と言ってくれた!!
しかしその時お父さんは夕食後でいい感じにほろ酔い中。
明日の朝もう一度聞いた方がいいよ
うん、だよね…
こんないいものもらえないよ
翌朝おそるおそる確認。
おういいよー 仙台に持って帰りなー
つとむ母
もらえるものはもらっときなさい!
本当にくれた。
ありがとうございます。

コラム❶
私の買いかた

私は超保守的で
こんにちはー
ガラッ
あ！まいさんー
遊びにきましたー
新規開拓より馴染みの店ばかり行く
そしてお店の人に
今日はお茶碗を探しているんですが
何かいいものありますか？
探しているものを伝えて見せてもらう
元々私は買いもの好きで目的もなく
ものとの新しい出逢いはあるかな～♥
ウィンドウショッピング～♥
ふらふらするのが大好きだった
するとウィンドウショッピングでは
ハッ！！
済まされぬことに

なので最近は目的なく
お店に顔を出すのを
控えている
誘惑を
断つっ！
それでもたまに
行っちゃうけど…
欲しいものが
あってもすぐに
お店に行かず　家にあるもので
代用品を探して
あるもので
足りるかー
うろ
うろ
代用品がないと
判断したら
初めてお店に
行くようにしている
うーん
行くか…
こんなのは
どうでしょうか？
きっと
まいさんなら
好きかも！
おっ
ありがとうございます
これいいですね
決めようかな！
そして馴染みの店ほど
決断が早い

まいさん
相変わらず
決めるの早いなー
男前な買い方!
いやいや~
基本的に私は直感で
動いてしまうので
「好きで長く付き合えそうなもの」を
パッと見で判断している
ところがある
本当に私にとって必要なものは
輝きが違って見える!
そういう事ってないですか??
もちろん頭の中で――
フリーズ中
それを買ったら
もうそのアイテムは
買わなくて済む?
これから先
お手入れを楽しめる?
――と自問自答して
特に
これをずっと
捨てずに使い続ける
自信がある?
という質問に自信を持って
「YES」と言えるものだけを買います
この質問のおかげで
使い捨て商品を買う事が
減った。

どんなに気に入っても
うーん　どうだろう…
と一瞬でも悩むところがあったら
ごめんなさい　もう一度考えます
と一旦冷静になる時間を作る
昔はそれができなくて失敗が多かったけど
最近はだいぶ減ってきた
一旦冷静になると約8割が「買わなくて正解だったなー」と思う
すいませーん
また来ましたー
でも中には「やっぱり欲しい」ものもあるので数日後また お店に顔を出すのであった

2章

見ているだけで嬉しくて、使い勝手もいいものたち

世の中には色んな便利グッズがあって、その機能を目の当たりにすると、つい心が動きます。でも、衝動的に買った便利グッズが活用されぬまま、家に積み上げられてきた姿も、汚家時代にいやというほど見てきました。

今は「ずっと使い続けられるもの」を第一に考えてものを選んでいます。そこに使い勝手の良さも備われば完璧！　この章ではそんな私にとっての「完璧！」な品々をお見せします。

かさばりがちな仕事道具は、机の下のベンチ収納に。実はおもちゃ箱（P64）。

14

家族の声を聞いて選んだ

急須と醤油さし

どこのもの？／ 右：馬場勝文さん作　左：伊賀土楽窯
買った場所／ やきものフェア、ギャラリー

使う人のことを考えて作られた食器

ある時、ずっと使っていたティーポットを割ってしまいました。代用のものを用意するも、家族に不評…。

やはり家族で使うものは、家族の声を聞くべし、ということで、みんなで地元の陶器市に行って見つけたのが、馬場勝文さんの急須でした。この急須は持ちやすく、注ぎやすく、たっぷり入ります。持ち手の部分が木製なのも可愛らしい。

そして醤油さしは、地元のギャラリーで購入。醤油さしにはもったいない（!?）くらいの上品な形と、味わい深い色合いに目を奪われて、購入。

食卓に置くだけで、いつもの食事がおいしく感じられる、魔法の食器たちです。

今まで使っていたティーポットが割れ
代わりの急須を用意したけれど

不評 特に母に。

これじゃ注ぎにくい！
小さいから何回も入れなきゃいけないし！
…

気分を一新しようと、ちょっと変わった
デザインにしたのが敗因。
可愛くて好きだったんだけどなー。

という事で行ってきました、やきものフェア。

この時行ったのは仙台市にある「夢メッセみやぎ」で
開催されたやきものフェア。
沢山の作家さんが出品していて
もう〜大興奮っっ

その中で見つけたのが
この急須でした。

夢メッセは東日本大震災で大きな被害を受けた場所なので、再びオープンした時はなみだが出たよ……

前回の教訓を生かし、家族皆で検討。

作家の方がとても
良い方で
急須に水を入れて
くださり、実際に
注がせてもらいました。

家族皆で使うものは、使う人皆の意見を聞かないと
だめなんだなーと学びました。

我が家の場合
ついつい私が選んでしまうので……。

15

かわいすぎて、買うのに躊躇した

カップ&ソーサーと楊枝入れ

どこのもの？／ 右：中園晋作さん作　左：沼野秀章さん作

買った場所／ セレクトショップ

この食器に見合う女性を目指したい

よく行くお店のブログで、このカップ＆ソーサーの記事を見たとき、私はいてもたってもいられなくて、お店に駆け込みました。「ピンク」という一言では片付けられない柔らかな色を実際に手に取って見てみたかったからです。

実物はやはり美しい。あまりの美しさに「私なんかが買っていいのだろうか…」なんて思ってしまったくらい。結局諦められず買ったんですけどね。

そのあとしばらく私の中でピンクブームが来て、その時買い足したのがこの一輪挿し…なのですが、我が家では楊枝入れとして使っています。作家さんもまさか楊枝入れとして使われているとは思うまい。怒らなければいいなぁ。

キャー
なにこれ
可愛すぎる
可愛すぎて声が出ず。

ティーカップ&ソーサーはお店のブログで発見。

なじみのお店がブログをやっていて、新商品が入荷すると記事がupされる。
この時も それを見て
仕事中にも関わらず
即 お店に行った。

あのー
仕事は……?
ダヴィンチ

だってだって こんな可愛いものほっとけないよ!

ソーサーは お皿代わりにも
使っちゃったりして…♡

のぞきこむと
こんな感じ

見る角度によって
異なる表情。

その後、しばらくピンクが気になる病にかかる。

多分、軽くペー&パー子さんが
憑依していたと思う。
もしくは仙台ローリー※。

キャー
キャー
ピンク…
ピンク…

※仙台ローリーとは全身ピンクでキメた謎の男性。
見ると幸せになれるらしい。

このピンクの
~~つまようじ入れ~~
↑
一輪ざしも
素敵よね♡

どんな料理にも対応できる
白いお皿

どこのもの？／ 白山陶器
買った場所／ ネット通販

シンプルだけど普通過ぎないのがいい

少ないもので暮らすには、食器は吟味しないといけません。

飽きがこないよう、できるだけシンプルで、多くの料理に対応できるお皿が理想。そんな理想のお皿を探していたところ、白山陶器の「ゆるり」という名のお皿に出会いました。

気に入ったのは、なんと言ってもその形！　真ん中がポワンと盛り上がっていて、ゆるやかな曲線を描いています。その形と白磁の真っ白さがマッチしていて、すっかり虜に。我が家では直径21㎝の中サイズを使っています。

なお、商品名の「ゆるり」について、このお皿が好きすぎて、私のペンネームにした…わけではありません。でも、ちょっと運命的？　なんて思ったりはしています。

どんな料理にもそれなりに対応できてぇ〜
大きすぎず小さすぎない大きさでぇ〜
飽きがこないようシンプルなデザインでぇ〜
あーだ
こーだ
でもシンプルすぎるとつまんないからちょっと個性的なデザインが良いなぁ〜
という欲ばりな願いを叶えてくれた
白山陶器のお皿『ゆるり』
感謝

ちなみに私のペンネーム「ゆるり」の由来は
「好きな平仮名を選べただけ」
という安易な理由……

ゆるり
くるり
ぽっけ

みんな好きな字。

← 特に縦書きが好き♡

「ら」も好き。
「あ」も好き。

真ん中の部分がぽわんと盛り上がっていて可愛い。

17

美しいものを生み出せそうな気がする

ピンクッション

どこのもの？／ 大桃沙織さん作

買った場所／ ネット通販

「オブジェと思ったら実用品」のギャップ

猫と暮らしていると、爪が引っかかったりして、洋服をお手入れする機会が多くなります（と、猫のせいにしていますが、私が粗忽なだけです…）。

針仕事は嫌いではないのですが、もっと楽しくやりたいなーと思っていたある日、雑誌でこのピンクッションを見て目が釘づけ。

だって見てくださいよ、この美しい模様！気が遠くなるほど手の込んだ作品に感動し、すぐさまネットで購入しました。

本当は実店舗で買いたかったけれど、こんな時、地方在住であることに歯がゆさを感じます。このピンクッションが我が家に来てから、ますます洋服のお手入れが楽しくなりました。針仕事、このわたくしにおまかせあれ！（ただし下手ですが）。

18

ぱしっと押せて仕事の気合が入る

朱肉入れ

どこのもの？／ 高岡銅器
買った場所／ ネット通販

芸術的な事務用品

本を書く仕事をいただくようになって少し経った頃、ちゃんとした朱肉を買おうと思い立ちました。

しっかり自分の足で立って頑張っていくために、背中を押してくれるものを近くに置こうと思ったのです。

そこで私が選んだのは、高岡銅器の朱肉入れ。なかなか好みの朱肉入れがなくて探すのに苦労したので、これを見つけたときは本当に嬉しかった！

ふだんは仕事部屋にある、倉敷意匠の箱にしまっていますが、机に出しっぱなしでも絵になるし、契約書などに印鑑を押す時に、スッと背筋を伸ばしたくなるような、かっこいい朱肉入れです。

19

からまなくて、見た目もシンプル

ステンレスハンガー

どこのもの？／ 大木製作所
買った場所／ ロフト、ネット通販

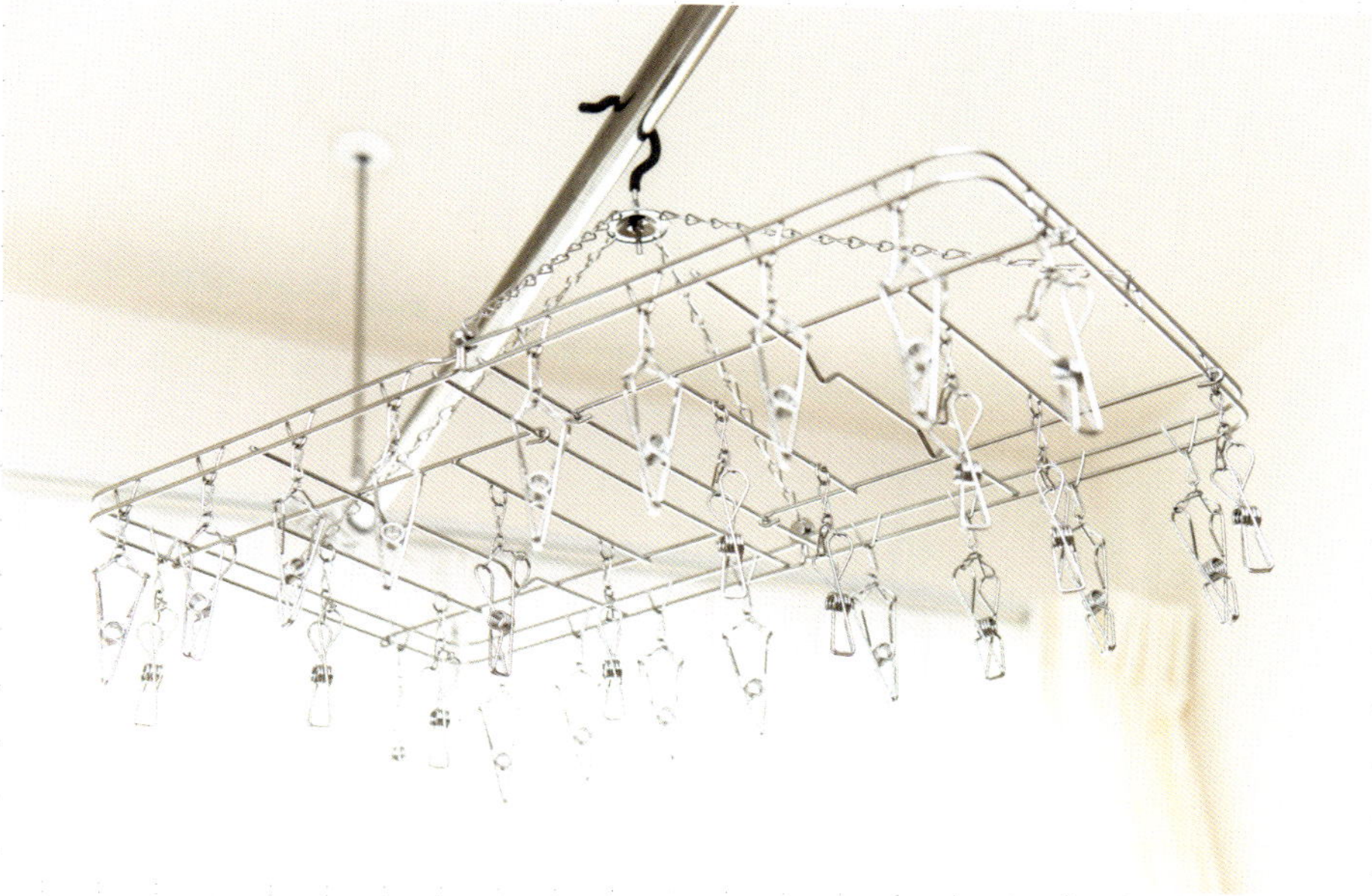

評判の品を買ったら、想像以上に良かった

汚部屋時代の我が家のピンチハンガーと言えば、ピンクや黄緑などカラフルなプラスチック製のものでした。扱いが荒かったので、すぐ割れたり外れたりして欠けた箇所が出現し、使い辛さ満点。

その後汚家を脱し、日用品も立派なインテリアのひとつだという認識を持つように。そこで「使いやすい」と評判を耳にしていた、このステンレスハンガーを購入したのです。

当初、性能よりデザインに惹かれて買ったのですが、本当に使いやすい！　ハンガーを畳んだ時に絡まないし、錆び知らず。

我が家は室内に物干し場があるのですが、ポールに掛けたままでも、部屋がスッキリ見えます。三人家族で、Lサイズを二つ使っています。

19 ステンレスハンガー

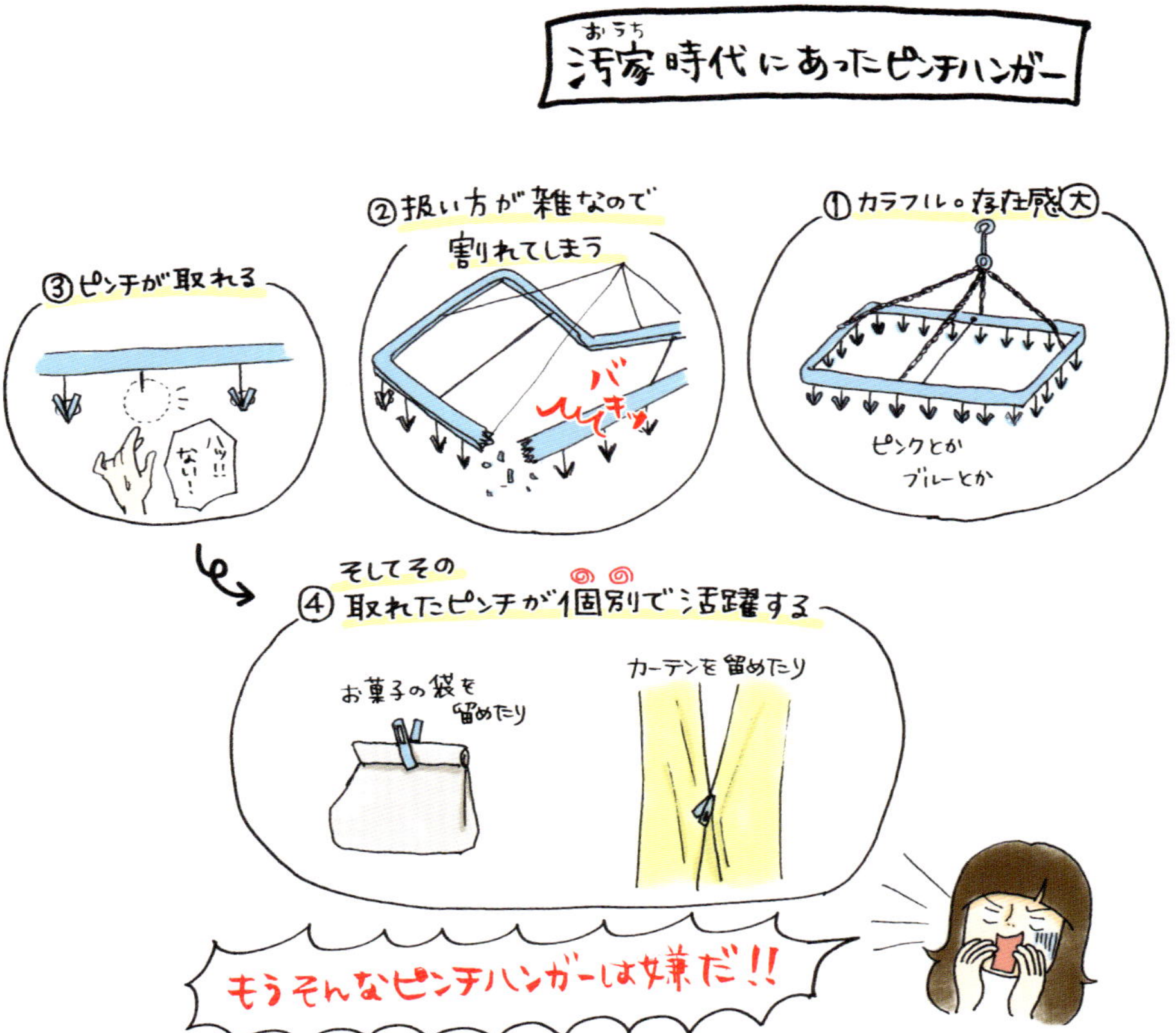
汚家《おうち》時代にあったピンチハンガー
①カラフル。存在感(大)
ピンクとか
ブルーとか
②扱い方が雑なので
割れてしまう
バキッ
③ピンチが取れる
ハッ!!
ない！
そしてその
④取れたピンチが個別で活躍する
お菓子の袋を
留めたり
カーテンを留めたり
もうそんなピンチハンガーは嫌だ!!

と思い、ステンレス製ピンチハンガーを導入！

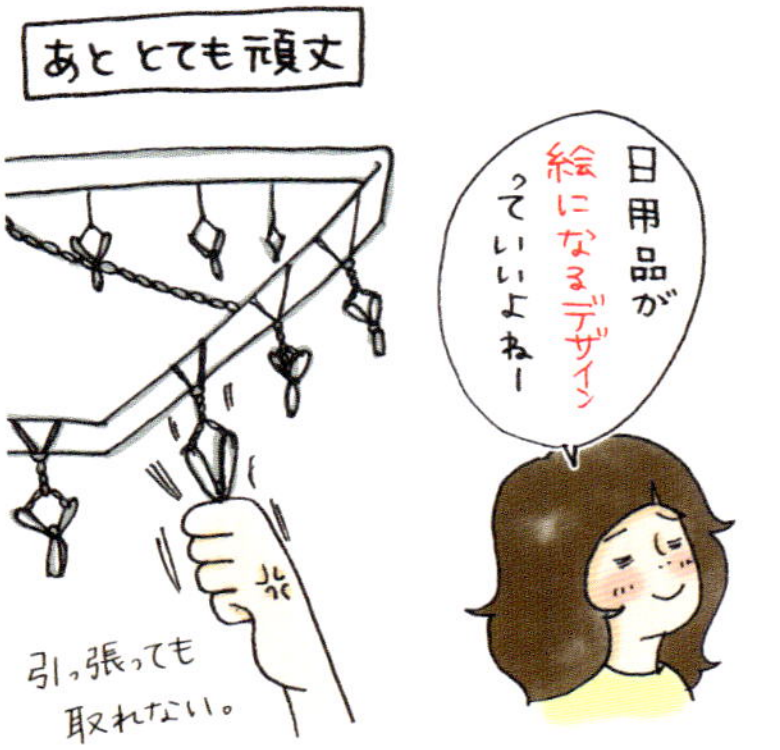
あと とても頑丈
引っ張っても
取れない。
日用品が
絵になるデザイン
っていいよねー

洗濯物を干しても絵になるハンガー！

20

仕事を楽しく便利にしてくれる

三つの仕事道具

どこのもの？／ 枯《こ》白《く》（テープカッター）、 TAjiKA（ハサミ）、 SyuRo（ブリキ角缶）
買った場所／ 作家さんにオーダー、ネット通販、雑貨屋

道具から入るタイプなので…

これらは、仕事の三種の神器！

枯白のテープカッターは、デザインはもちろん、ひとつに数個のマスキングテープが装着できる点がお気に入り。

TAjiKAのハサミは、長い間プロ用のハサミを作ってきた「多鹿治夫鋏製作所」から生まれた家庭用のハサミです。さすが切れ味抜群。刃の部分は絶対に触れてはいけません。これを使うと「今までのハサミはなんだったんだろう」と思えるほどです。

SyuRoの角缶は街の雑貨屋さんでたまたま見つけて購入しました。軽いのに作りがしっかりしていて、A4サイズも入るので原稿などが入れられて重宝しています。

仕事場のベンチ収納から出すたびに、「やるぞ！」という気持ちになります。

神アイテム① 沢山のマスキングテープが装着できる **枯白のテープカッター**。

これを購入した時マスキングテープにハマっていて大量にテープを持っていた。だから少しでも多くのテープを装着できるテープカッターを探していた。

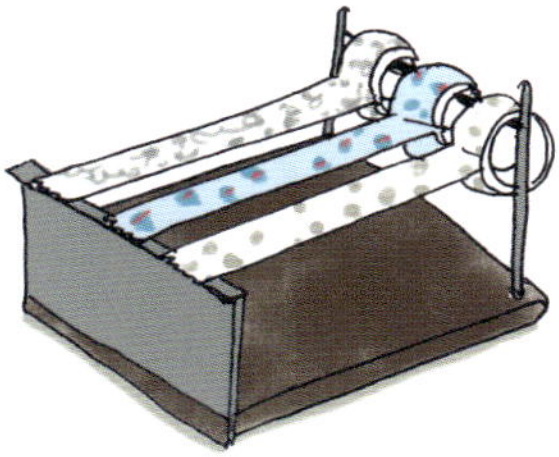

> 仕事でマスキングテープをよく使うんだけど、やっぱり柄が可愛いと **やる気がUPする!**

テープは倉敷意匠か中川政七商店のものを買います。

神アイテム② 切れ味凄過ぎ **TAjiKAのハサミ**。

「気安く触れたらケガするぜ」と言われているんじゃないかと思うくらいよく切れる。これを使ったらもう普通のハサミには戻れない。罪なハサミよね、TAjiKA…♡

ほう…

神アイテム③ 中に収納したものをがっちりガード **SyuRoの角缶**。

> 折れたら困る紙類を入れています。

これ、生産終了してしまったらしいです。SyuRoさん!もう一度生産開始して下さい!

汗と涙をきれいな飴色に変えてくれる

ヌメ革の手帳

どこのもの？／イルビゾンテ
買った場所／プレゼント

お守りのような存在

この手帳は就職祝いとして、夫からプレゼントとしてもらったものです。「これから私は社会人となって世間の荒波に揉まれるんだ…」と不安でいっぱいだった私は、心の支えとなるよう、仕事中毎日触れることができ心強い味方になってくれる手帳を買ってもらいました。

この手帳が良い具合の飴色になっている頃、私も成長して立派な社会人になっていたい！という願いを込めて、革は一点の曇りもないきれいなクリーム色をしていたヌメ革を選びました。

そして今。手帳は飴色になってきたけれど、残念ながらまだ立派な社会人にはなっておりません。日々精進の毎日を、この手帳は、仕事場でひっそりと見守ってくれています。

21 ヌメ革の手帳

もらった手帳は精神安定剤

と言ってもらえてる気がした。

大学を出た後、専門学校に入り直して社会人になったので、少し遅めの社会人デビューを飾った私。

今ではすっかり色が落ち着いてきた。

ちなみに今は手帳としては使っていません。いただいた名刺を入れるファイルとして使っております。

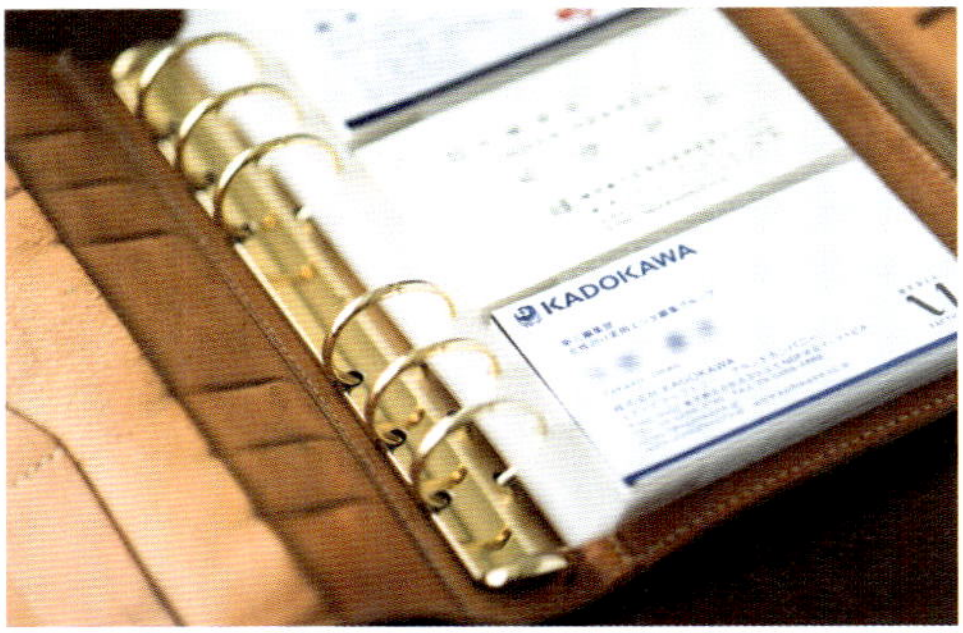

手入れの仕方が分からなかった頃シミを作ってしまった事も。これも「味」って事にして下さい！ 私も初々しかったあの頃に比べて今は……

だいぶふてぶてしくなったよね。

22

用途多様で容量も◎

ベンチ収納

どこのもの？／ コッフェルベンチ
買った場所／ ネット通販

子ども用ならではの機能が密かに便利

これは、私の仕事部屋にある唯一の収納用具。もうすぐ30才なのに、おもちゃ箱を愛用中。しかも大&中サイズを持ってるよ！ しかし侮るなかれ。このおもちゃ箱は非常に優秀な奴なのです。

ある時、狭い仕事部屋の中で休憩スペースを作りたいと考えた私は、ベンチにもなる収納家具が欲しくなりました。そこで見つけたのがこのおもちゃ箱。キャスター付きなのでどこへだって移動可能。サイドテーブルにもなるし、踏み台にもなるし、邪魔になったら机の下にしまえます。

子ども用ということもあり扉が一気に閉まらないようになっていて、うっかり八兵衛も唖然とするくらい凡ミスをやる私にも安心。至れり尽くせりな収納なのです。

でも こいつ が
ワイに開けられへん扉なんてないんや
なんておそろしい猫…!

以前は ちゃんとした棚があった。

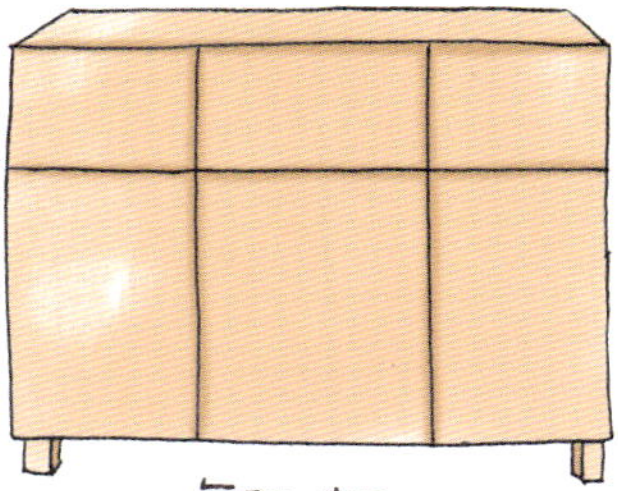

無印の棚。

とか言いながら
引き出しを開けて
イタズラをするので撤去。

対策として
DIYでロックをかけたことも
あったんだけどね……

ムダな抵抗だな

でも今回のおもちゃ箱ベンチも
とっても優秀なんです。

ベンチとしての活用は もちろん

カゼの時はベッドサイドテーブルにもなるし!

邪魔になれば机の下に仕舞えるし!

仕事中の サイドテーブルにも なるし!

ふたを持ち上げるのは難しいんだわ

そして くるりも 開けられないし!

23

日の光が反射して美しい

ガラスのペンダントライト

どこのもの？／ 後藤照明
買った場所／ インテリアショップ

夫と選んだお気に入り

このライトを買ったのは夫と私が結婚する時のこと。少しの期間二人で住んでいたマンション用に照明を探していて、インテリアショップに何度も足を運び、二人同時に「これがいい！」と意見が合ったのが、この後藤照明のライトでした。

今の家を建てる時に、ほとんどの部屋は埋め込み式のダウンライトにしたのですが、このライトはまだまだ使い続けたかったので、私の仕事部屋の主照明にしました。

クリア硝子でできたシェードは部屋をとても明るくしてくれて、どこかレトロさが残る雰囲気に心が癒されます。硝子が曇らないよう日々丁寧に磨くのもまた楽しいです。

23 ガラスのペンダントライト

とても気に入っていたのですが
うちの猫が
このヒモに向かって
飛ぼうとするので
ニャッ
ヒモは切るハメに……
レトロで素敵な
後藤照明のライト……♡♡
あ！これいいね！
2人の意見が
即一致!!
購入
ガラス磨きは
心いやされる。
ただし夏はとても暑い。
……
きゅ
ハァー
きゅ
磨くと
輝きが増すのでクセになる。

コラム❷
私の苦手な買いもの

私　スーパーでの買いものが苦手なんです
食にあまり興味がないせいかもしれません。
食材の買いものを仕事帰りの母か夫に頼むこともしばしば。
ひとりで行く時は買うもののリストを持って
・長ネギ
・じゃがいも
・玉ネギ
・にんじん
目的地まで直行
ホームセンターに行くと店内をウロウロするのが好きなんだけどスーパーは早く出たいと思ってしまう

家族と一緒のときは
家族のペースで歩くので
多少うろつくけど
おかしは見る。
カゴにも入れる。
あまり商品は見ていない
母は便利グッズが好き
夫は珍しい調味料が好き
そして2人とも
新商品に弱い。
以前はよく余らせて
もう捨てるよ!
消費期限過ぎてるし
と容赦なく捨ててきたせいか
最近は
使わないかもねー
残したくないしねー
と言ってくれるように!
今後もう少し
食への関心が出てきたら
スーパーでの買いものも
楽しくなるんだろうけど
スーパー行くなら
ホーマックに行きたいよ
今のところ
まだ無理そう

3章

我が家を支える、功労アイテム

掃除道具や洗濯用品のような日用品は、使えればいい——。汚家時代の私は、そう考えていました。

しかしものを捨てまくる中で生き残った日用品と向き合ってみると、改めてその機能性や使いやすさを実感するようになったのです。

見た目は地味だけど、実はとってもデキる奴。そんな我が家の功労アイテムをお見せします。

気付くと色んな種類が山ほど増えるハンガーは、種類を絞ってすっきり収納（P76）。

試した結果、これが我が家にぴったり

二種のふきん

どこのもの？／右：不明　左：無印良品
買った場所／ホームセンター、無印良品

シンプルな色と乾きやすさが決め手

ふきんは色々試した結果、白い色で雨の日でも乾きやすい、この二つに絞りました。

ホームセンターのマイクロファイバーふきんは主に台拭きに。コンロ周りの汚れもさっと落とせるので、油汚れ用の洗剤は全て処分しました。

無印の「落ちワタふきん」は、食器拭き用に。洗った食器をふきんの上に乗せて少し乾かした後、もう一枚で食器を拭けば、すぐに乾くので、洗う→乾かす→片付けるが、一気に済みます。お陰で、水切りかごを処分することができました。日に何度も取り替えられるよう、どちらも十〜十五枚を常備しています。

使い終わったら煮沸消毒して干した後、キッチンの引き出しに収納。出しっぱなしの時間はほとんどありません。

24 二種のふきん

いつもきれいをありがとう

マイクロファイバーふきん

さっとひと拭き
アラきれい

本当にするんっと汚れが落ちる。
そしてすぐ乾く。

ただし……！

マイクロファイバーふきんは、拭くものによっては表面がはがれたり、細かな傷が付く事もある程の強力な落ちっぷりらしいので使用には注意が必要。

頑張りすぎる奴なんです
マイクロファイバーくん

幸い我が家ではまだそういうことはないですが……（気付いていないだけかなぁ？）

水切りカゴをなくしてふきんにしたら楽になった。

私、水切りカゴが好きじゃなくて……。

受け皿のぬめりとか面倒。

こういうところに汚れがつくのとかも面倒。

そして場所を取るからじゃま。

使い終わったら煮沸して干すだけっ！

でもふきんにしたら、そういう悩みが**ゼロ**に♡

並べ方を工夫すれば早く乾く。

一番下におはしやはし置きなどを置き、その上にお皿を重ねて、少しでも空間を開けて風通しをよくする。

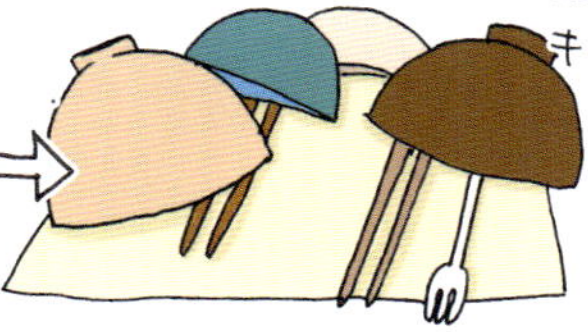

使い終わったらキッチンシンクの上はガラーンとできる！

25

家族に安心をくれる
収納ボックス

どこのもの？／ 無印良品
買った場所／ 無印良品

いざという時のものは、まとめてここに

これ、名前が凄いと思うんです。「ポリプロピレン頑丈収納ボックス」。直球すぎ。でもその直球さに惹かれて特大サイズを買った女がここに一人。しかしその名に恥じぬよう、確かに頑丈に作られています。

そんなに頑丈ならばと、災害時に必要になる大事なグッズを収納。いざという時は椅子にもテーブルにもなるのも魅力です。色々代用できると心強い！

またこのボックスは、左右の取っ手がロックも兼ねているので簡単に蓋が開きません。つまり猫が簡単に開けられず、いたずらされたくない猫用品（ごはんのストックやおもちゃなど）を入れるのにも好都合。早速二つめの小サイズを購入して、ともに愛用しているのは言うまでもありません。

25 収納ボックス

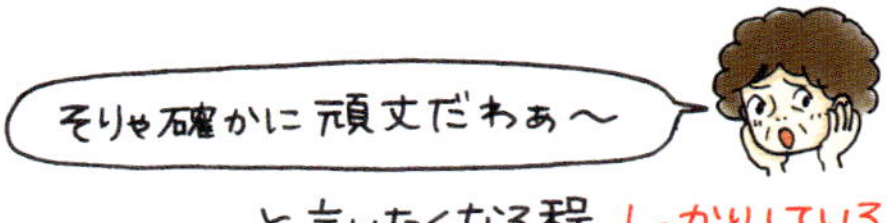
そりゃ確かに頑丈だわぁ〜

と言いたくなる程、しっかりしているフタ。

私が乗っても大丈夫。
I ♥ Ganjyo
但し乗ってもいいかは分からない。

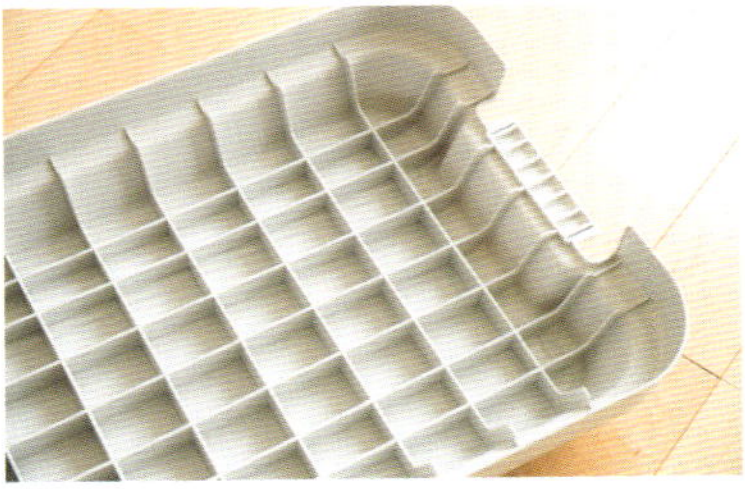

☆防災グッズは頑丈な収納に入れておきたい。

災害で家の中がしっちゃかめっちゃかになっても、防災グッズが無事なら……！

私はここにいるよー
ベービーボーイ

☆猫グッズもこのボックスに収納。

ワイ……これも開けられへーーん

26

役割別に使い分け

ハンガー三種

どこのもの？／ 右下：不明　上段：無印良品　左下：不明
買った場所／ ネット通販、無印良品、雑貨屋

干すものに合わせて選べば時短にもなる

面倒なので服はできるだけ畳みません。干す時は「滑らないハンガー」に干して、乾いたらそのままクローゼットにかけるだけ。嵩張らない薄さが気に入っています。

無印の「アルミ洗濯用ハンガー」は、畳む用のものを干す時に使います。こちらは滑りが良いので、取り込む際の時間短縮に役立っています。

最後は真鍮のミニハンガー。これは換気で風呂場の窓を開けている時に、その合図として入口にかけています。戸締りを促しつつ、景観も壊さない。小さいながら働き者の、かわいいやつです。

あっという間に増えるハンガーを、役割別に使い分けたら、クローゼットや洗濯機周りが一気にスッキリしました。

26 ハンガー三種

ずぼらな私が徹底して守っている
家事のルールの1つに
"できるだけ服は畳まない"というのがある。

まず **畳むもの** と **畳まないもの** をはっきりさせて

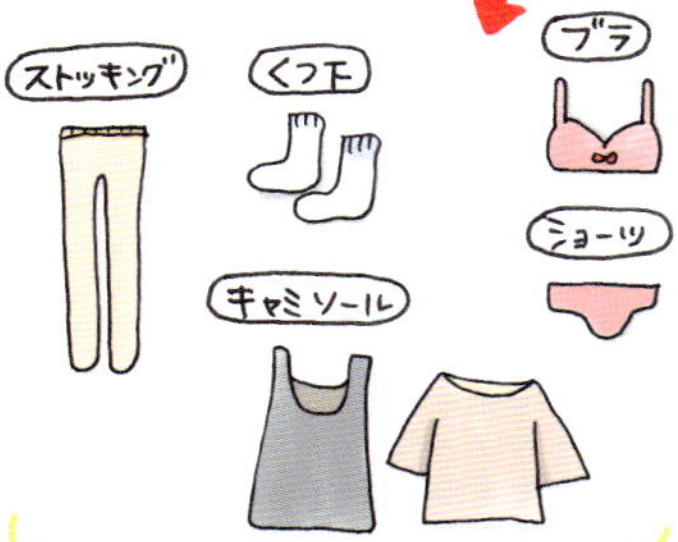
ストッキング
くつ下
ブラ
ショーツ
キャミソール

乾いたら畳むので、取り外しやすいアルミハンガーやピンチハンガーで干す。

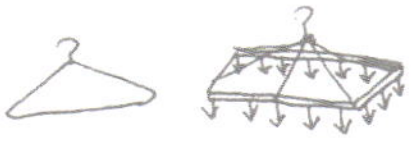

ストール
ボトム
トップス
カーディガン

乾いたらハンガーにかけたままクローゼットに仕舞うので、滑らないハンガーを使う。

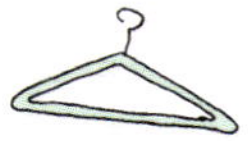

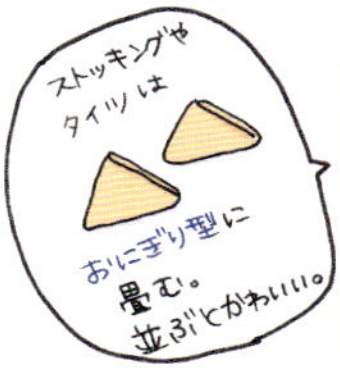
ストッキングやタイツは
おにぎり型に
畳む。
並ぶとかわいい。

丁寧に畳むと収納した時きれいだし、着る時も嬉しくなる。
背すじが✧しゃん✧とする感じ。だからできるだけきれいに畳むようにしているものの、全部の服をやるとなると絶対続かないので、きちんと畳める量に絞って、その中で「畳む生活」を楽しんでいる!!

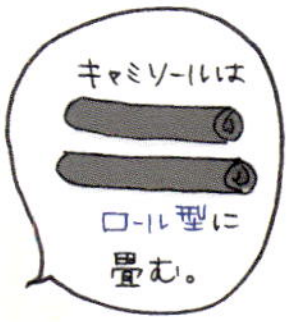
キャミソールは
ロール型に
畳む。

可愛いから捨てられないの

ミニハンガーは可愛さに負けて買ったものの、いまいち使い道がなくもっぱら観賞用だった。
ので、そこを逆手に取って
「窓開いてるよー」

の合図にした。

合図は貼り紙とか色々やってみたけどこれが一番楽だし、見た目も可愛いから続いている。

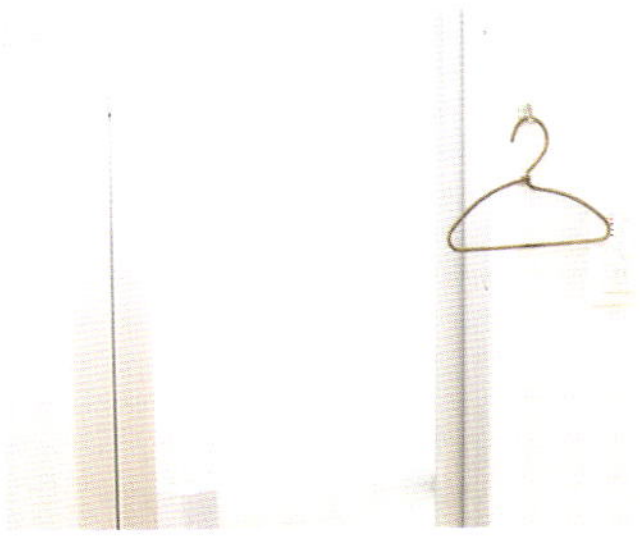

27

多用途に使える便利な消耗品

ソープとボトル

どこのもの？／ 右二点：ドクターブロナー　左：無印良品
買った場所／ ロフト、無印良品

ひとり四役の実力派

できるだけ簡単にしたいこと。それは消耗品。消耗品の数が多ければ多いほど、買いものも、ストックの管理も大変です。

そこで、色々対応できる万能な洗剤があればいいのに…と思っていたところ、教えてもらったのがマジックソープでした。

我が家ではマジックソープ（グリーンティーとミント）を、メイク落とし、ボディーソープ、ハンドソープ、食器用洗剤として使っています。四種の消耗品を一種にしたら、省スペースになり、管理もとても楽になりました。

ソープの詰め替え容器は無印の「PET詰め替えボトル」の白を。落としても安心なプラスティック製です。サイズも四種類あるので、キッチンでは小さいもの、風呂場では大きいものなど、使い分けています。

28

私を掃除好きに導いた

木製フロアワイプ

どこのもの？／ tidy
買った場所／ ネット通販

何事も、まずは見た目から

「お掃除が嫌いなら、お掃除がしたくなるようなグッズを使えば良いじゃない」

私はこの発想で毎日の掃除の習慣がつきました。

このフロアワイプを買ったのはまだ掃除好きではなかった頃でした。木目が気に入り「これを使いたさに、毎日掃除がしたくなるはず！」と思ったのです。事実、それから掃除が好きになりました。

厚手のぞうきんを挟めるよう、マジックテープをつけたり、持ち手部分に引っ掛ける穴を開けたりと、私仕様に好き勝手改造していますが、未だ元気に頑張ってくれています。ぞうきんだって野田琺瑯のバケツで洗えば、寒い冬だって平気です。いや、平気じゃないです。寒いです。

29

歯ブラシの概念を変えた

歯ブラシ

どこのもの？／ ブラシの平野
買った場所／ 物産展

セールストーク通りの素晴らしさ

「この歯ブラシ使うと、もう普通の歯ブラシには戻れないよ」

そう言いながらお店のおじさんがニヤリ。冷やかし半分でふらりと立ち寄った物産展で、ふと気になって豚毛の歯ブラシを手に取った私はしばし固まってしまいました。そんなこと言われたら試したくなるじゃないか！ 期待に胸を膨らませながら歯ブラシを一本握りしめて帰宅しました。

結論。確かにもう普通の歯ブラシには戻れない。最初こそ「これ豚なんだなー…」という、においに戸惑いますが、それを超えるほど磨いた後がさっぱりします。そのさっぱり感に夢中。度々電動歯ブラシの導入を検討するものの…うーん、でももう少し先でいいかなぁ。ちなみに、ネットでも買えます。

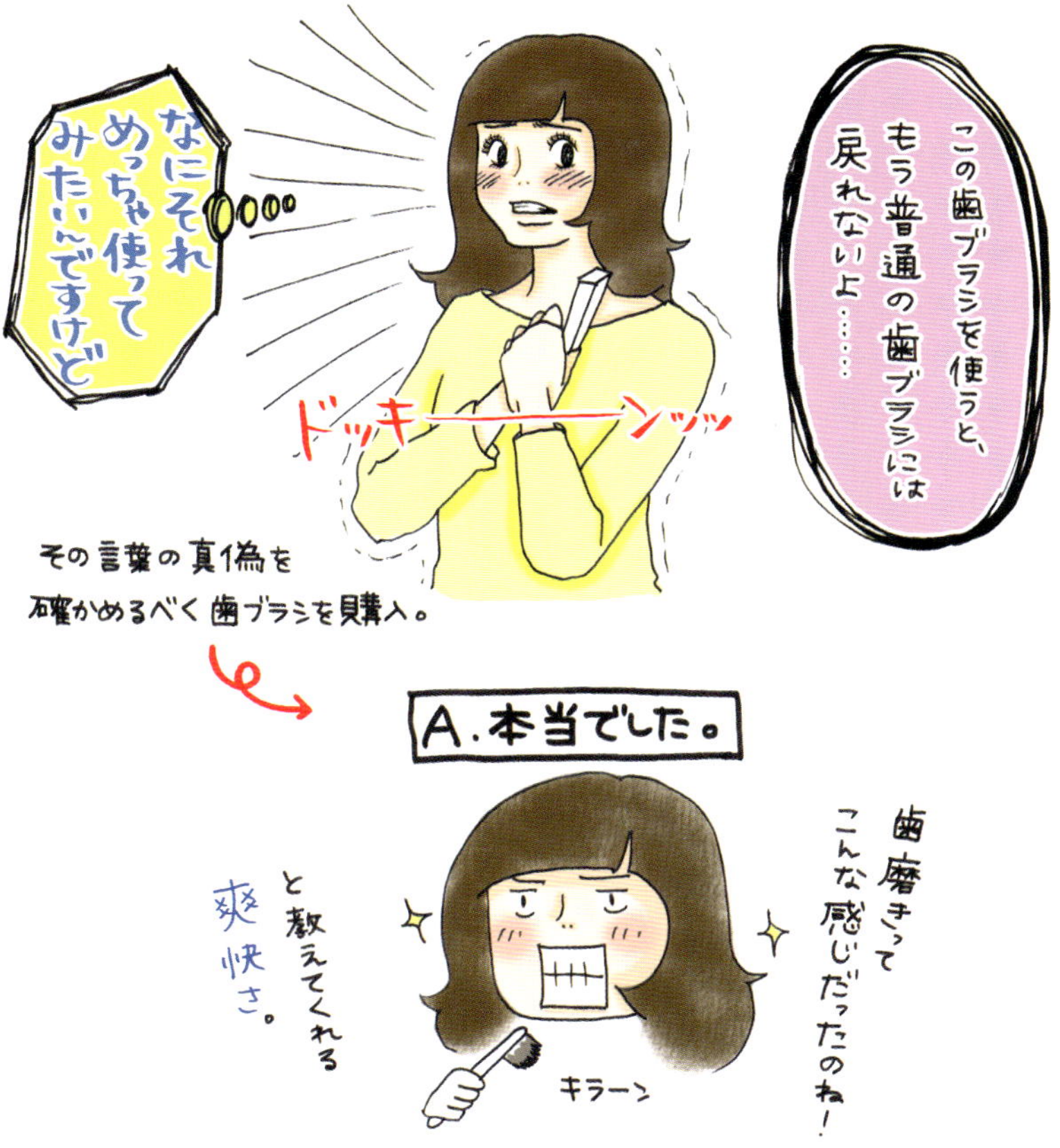

この歯ブラシを使うと、もう普通の歯ブラシには戻れないよ……
ドッキーーーンッッ
なにそれめっちゃ使ってみたいんですけど
その言葉の真偽を確かめるべく歯ブラシを購入。
A.本当でした。
歯磨きってこんな感じだったのね！
と教えてくれる爽快さ。
キラーン

歯ブラシスタンドは
無印良品のもの。
掃除しやすいので
清潔に保てていいですよ。

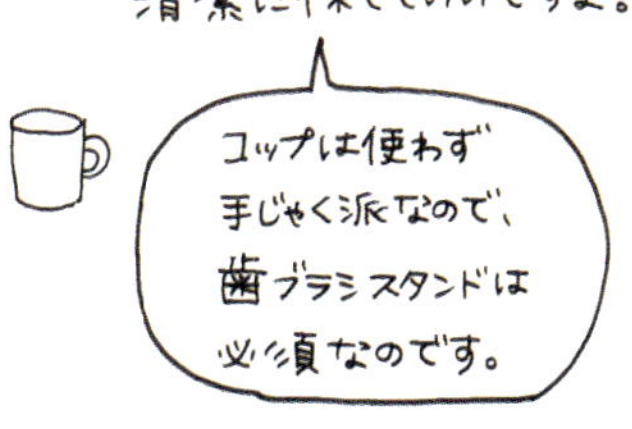

コップは使わず
手じゃく派なので、
歯ブラシスタンドは
必須なのです。

30

家をより快適にするために…

工具

どこのもの？／ マキタ（電動ドリル）、東亞合成（接着剤）、ほか不明
買った場所／ ホームセンター

気になるものは ちょちょいと修理

「DIYは旦那様が全部やってくれるの♡」なんて可愛いこと言いたいのですが、我が家でDIYをするのは私だけ。家具や建具で気になることがあると、夫に頼む前に自分で直したりアレンジしたりしてしまいます。

だから工具箱の中身は完全に私仕様。倉敷意匠の救急箱を、無理やり工具箱にして、ホームセンターの店員さんに教えてもらって買ったドリル、なにかと使えるペンチ、ゴミを解体するのに使うノコギリなど、色々入っています。

ノコギリは工具箱に入るというのを条件で探したので、折りたたみ式のコンパクトなものですが、感動するほどよく切れ…ってノコギリに感動か…。か弱い奥様になりたい！

30 工具

我が家では 私だけがDIYが好き
一時期、妻がDIYにハマっていた時は
帰宅すると必ず手にドリルを持っていて、あまりの男らしさに驚きを隠せませんでしたよ
ドリルが楽しすぎて 棚ばっかり作っていた事もありました。
あ、おかえりー
ギュルギュルギュル
最終的に
とりあえず何でもほめる人
ドリルを持つ姿が様になってきたね～
と、ほめられる。
嬉しくないし。
ちなみに工具箱の中に入っているものは……

- かなづち ❺
- 折りたたみのこぎり ❻
- ペンチ ❼
- 電動ドリル ❽
- 透明ポッチやコードまとめテープ等が入った箱 ❾

- スチールメジャー ❶
- 強力接着テープ ❷
- 瞬間接着剤 ❸
- ドライバー ❹

31

掃除、片付けの強い味方

コードまとめと滑り止め

どこのもの？／ 右：不明　左：iteck

買った場所／ ホームセンター

「なんにもない」部屋の立役者

私は、家電などのコードを見ると、無性にまとめたくなります。たとえば携帯の充電器。使い終わった後、携帯だけ外し、コンセントにささったままビロ～ンとしているのは見過ごせません。まとめられるものは何でもまとめたいので、コードまとめベルトは、我が家の必需品です。

銘柄にこだわりはなく、大体黒か白色の細めのものを選ぶようにしています。

そしてもうひとつ、滑り止め用の透明クッション「PUクッション」も欠かせません。滑り止めシートよりシンプルで、掃除しやすいのが気に入っています。我が家の通称は「透明ポッチ」。目印や、クッション材としても使えるので、常時二シートはストックしておかないと、落ち着きません。

使い終わったら、コードはまとめて仕舞うまでが片付けです。

だから使い終わったらコードをまとめます。

他にもプリンターのコードとかペンタブのコードとか色々まとめて仕舞っています。

⚠きつくまとめると断線→火事になるので注意！

チリもつもればなんとやら……な訳で

やっぱり部屋にだら～んとしたコードがあると、どんなにキレイにしていてもだらしなく見える。

面倒臭いに打ち勝つ気力が美部屋への第一歩！

またすぐ使うからそのままの方が楽なんだけどっ！

と言う気持ちも分からないではないが……

愛すべき滑り止め透明ポッチよ永遠に

前は滑り止めシートを使っていたけれど、掃除のたびにどかすのが嫌になったのでものに直接貼り付けた…らとっても楽に♡

見た目もスマートだしね

滑ると手間なものに沢山貼ってます

可燃ゴミと不燃ゴミ。見た目は一緒のゴミ箱だから、可燃ゴミの方にポッチを付けた。

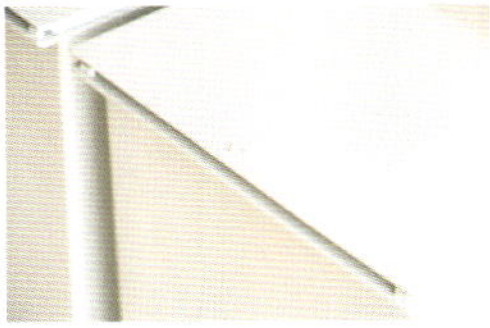

滑り止めどころか、ちょっとした目印にも使えちゃうよ。
目印は欲しいけれど、できればあまり目立って欲しくない！っていう時に使える手。

色付きだと変に目立っちゃうけど、透明ならいいね！

32

二十年近くお世話になっています

まとまるくん

どこのもの？／ヒノデワシ
買った場所／文具屋

お子さんから大人まで幅広い世代におすすめ

「まとまるくんって本当にまとまるの？」母の言葉に思わず私は耳を疑いました。私のまとまるくんに対して、なんという暴言！

彼との出会いは、私が小学生の時。当時クラス内で、授業中に消しゴムのかすを集めて練り消しにするという、しょうもないブームがありまして、いい練り消しを作るのに最適だったのが、消しかすに弾力性があり、もっちりとまとまってくれる「まとまるくん」だったのです。ブームが去って、色々な消しゴムに浮気をしたこともありますが、やっぱり戻ってきてしまいます。

力を入れずスッと消せる軽さ、ぷにぷにとした感触は仕事の疲れを癒してくれ、消しかすが散らばらないのでストレスフリー。まとまるくん、最高です。

32 まとまるくん

まとまるくんって本当にまとまるの〜？
MONO派

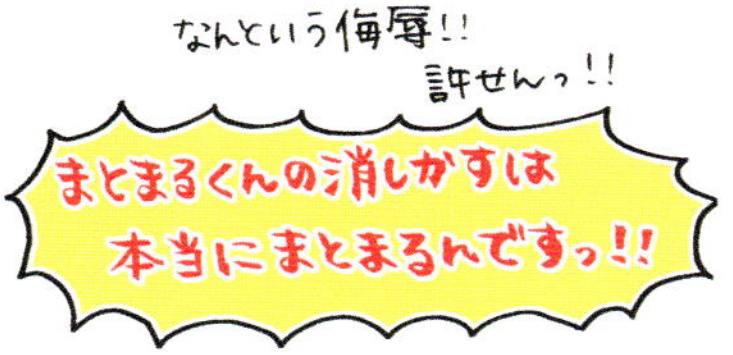
なんという侮辱!!
許せんっ!!
まとまるくんの消しかすは本当にまとまるんですっ!!

子ども心に「まとまるくん」という商品名に魅かれた。
こいつとならいい練り消しが作れるかもしれん…
まとまる

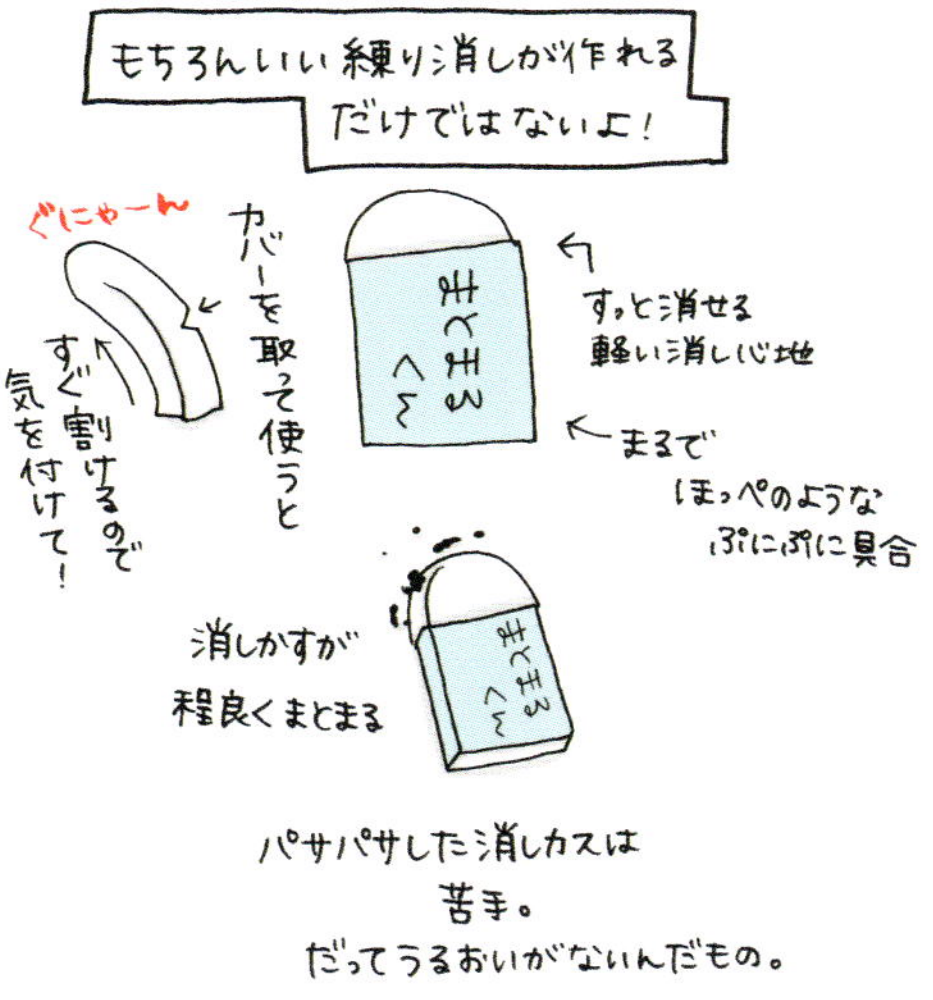
もちろんいい練り消しが作れるだけではないよ!
ぐにゃ〜ん
カバーを取って使うとすぐ割けるので気を付けて!
まとまるくん
すっと消せる軽い消し心地
まるでほっぺのようなぷにぷに具合
消しかすが程良くまとまる
パサパサした消しカスは苦手。
だってうるおいがないんだもの。

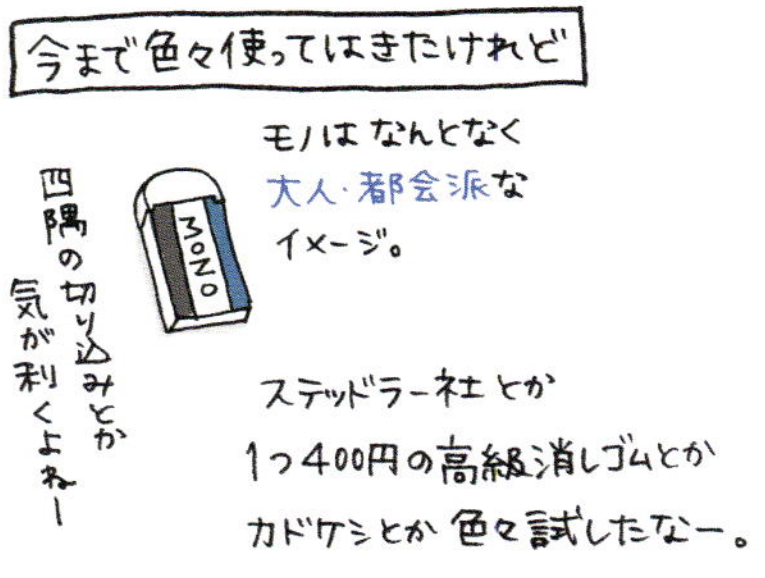
今まで色々使ってはきたけれど
モノはなんとなく大人・都会派なイメージ。
四隅の切り込みとか気が利くよねー
MONO
ステッドラー社とか
1つ400円の高級消しゴムとか
カドケシとか色々試したなー。

受験シーズンになると売り場でやたらと目立つ合格まとまるくん。
合格
もう受験生じゃないけど使う!! 何かに合格させて!
受かりそうなオーラがプンプン？

33

自分好みにリフォーム！

ベッドフレーム

どこのもの？／ IKEA
買った場所／ IKEA

ロマンティックをやめて シンプルに

購入先を聞かれることが多い我が家のベッドフレーム。ですが、これ、売っていないんです。なぜなら、既製品の改造品だから。

元々は白いロマンティックなベッドフレームだったのですが、使い始めてすぐに「こんな可愛らしいベッド、ガラじゃない！」と気付いてしまいまして…（買う前に気付けよ）。組み立て式だったのでロマンティックな装飾部分を外せるだけ外し、塗るとアイアン風になるペンキを取り寄せて夫と塗りまくり、やっとユニセックスな雰囲気になりました。

写真で見るとごまかせていますが、近くで見るともうボロボロ。いい加減ちゃんとしたものが欲しいなと思いつつも、未だこのベッドフレームを超える好みのものに出会えていないのが実状です。

33 ベッド

ヘッドボードとフットボードがあるデザインを
求めていたけど、理想のものがなくて
→ 妥協

IKEAにて
ロマンチックなベッド
フレームを購入。

でもやっぱりなじめず

こんな可愛いベッドに私なんかが寝てていいのかしら……

その為……
リメイクする事に。

ネットでドイツ製のアイアン塗料を
購入し、夫と2人で塗った。

ドイツから来たアイアン塗料

しばらく臭くて
大変でした……。
ベッドが使えるようになったのは
塗ってから1週間以上経ってから。
その間はずっとマットレスを床に
直置き生活でした。

ちなみにベッドの脚には
滑りやすくするキャップを履かせています。

ベッドの下はほこりが
溜まりやすいので、
滑りやすくさせて掃除しやすく
しているよ

掃除中はベッドを
ぐいんぐいんと
動かします。

34

シンプル＆お手入れも楽ちん

ごみ箱

どこのもの？／無印良品
買った場所／無印良品

日用品はそっけないぐらいがちょうどいい

我が家には三か所に計四つのごみ箱を置いています。キッチンに二個、猫トイレが置いてある部屋に一個、母の部屋に一個です。

そのうち、母の部屋以外は、全てこの無印良品のものを使っています。

こちらのお気に入りポイントは、シンプルで視界に入っても悪目立ちしないデザインと、汚れてもすぐ落とせるところ、そして蓋付きなところ。

蓋付きならごみが丸見えにならないし、猫もいたずらしにくいし、形が平坦なので一時的に物を置くこともできます。

また忘れちゃいけないのが、脚にキャスターがついているところ！　これならどこへでも楽にスイスイ移動できて、ごみ箱が少ない我が家では大助かりなのです。

35

実用性もビジュアルも持っている

間接照明

どこのもの?／共栄デザイン
買った場所／ネット通販

洗練された工業用品

何かひとつ、仕事部屋に間接照明が欲しいなと思っていたところ、ネットのある記事で見つけた、この「reconstruction lamp」にひと目惚れしました。

まず、工事現場にある工業用ライトをスタイリッシュにした、アンバランスなデザインにやられました。

もともと工業用ライトの形が好きだったのもあるのですが、コードが二色になっているデザインだったり、コンセント部分がまんまるだったり、細部までこだわり抜かれているランプなのです。

また置き方が、スタンドライトとクリップライトの二通りできることも魅力。実用性とビジュアルを兼ね備えた、デキる子です。

36

仕事道具が1/4に減った…！

ペン

どこのもの？／パイロット
買った場所／文具屋

自分好みの一本ができる画期的商品

このペン「ハイテックCコレト」のお陰で、私の絵を描くスピードは二倍に上がったと言っても過言ではありません。

今まで、絵を描くときに主な線を太、中、細と三本のペンを使って描いていたのですが、なんとか減らせないかと考えていました。

そこで見つけたのがこのペン。これはボディと替芯が別々に売られていて、替芯を好きに選んで一本のペンを作るというもの。

黒の0.5、0.4、0.3の替芯を入れれば、わざわざペンを持ち替えなくても一本で済むのです。減らせないと思っていた三本が一本になるなんて！

四本入るボディにしたので、ついでに赤ペンも入れて、トータルで四本が一本に。久々の捨てのK点越え（※）に感動しました。

※「これ以上ものを減らせない」と思っていたところから、さらに減らせた状態のこと。

ベッドとベンチ収納は猫たちもお気に入り。

番外編

血で血を洗う醜い争い
仁義なき母娘戦争！

2人とも！もう争いはやめて!!

お気に入りだけを持って暮らしたいと思っていますが……
実はそうでもないものも我が家にはあるのです。

第一次フライパン戦争

我が家には現在、私用フライパン(写真左)と
母用フライパン(写真右)の2つがある。
以前、南部鉄のフライパンを買ったのだが、

小さくて使い辛いから大きいのが欲しい！

と言われてしまったので、

泣く泣く南部鉄のフライパンを人に譲り、
大きめのタークのフライパンを買った。が、しかし…

やっぱり私、鉄のフライパン嫌いだから
私用のフライパン買ってきたわ
ちょっと！せっかく大きいフライパン買ったのに!?
ブチッ!!

で、喧嘩。結局両者譲らず、現在キッチンには
2つのフライパンがあるという……。
共有スペースの管理の難しさを実感した
最初の頃のバトルでした。

お次はなぁに？ 第二次お玉戦争

最近になって、お気に入り度が低いことに気付いてしまったホーローのお玉。

可愛いんだけどね。

買い換えたいなーと思っていた矢先に見付けた菊地流架さんの真鍮のお玉!!

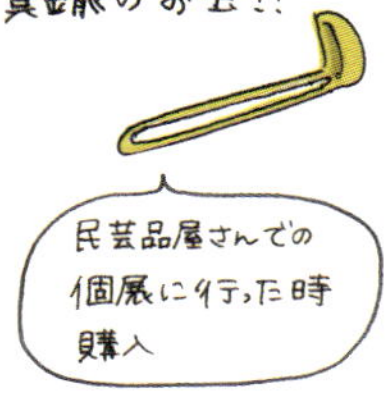
民芸品屋さんでの個展に行った時購入

しかし、母に

このホーローのお玉だって素敵だよ
ていうかまだ使えるのに何で新しいの買ってくるの？
←超正論。

と言われ、今現在我が家にはお玉も2つ……。

まだまだ続くか 第三次タオル戦争

今我が家で使っているのはニトリのフェイスタオル。
でもそろそろくたびれてきたので買い換えたい。
そんな時、読者の方から「手ぬぐいがいいよ」と教えてもらう。

それイイネ！

さっそく提案するが、

嫌だ。
タオルがいい。
僕は拭ければ何でもいい。

とあっさり断られる。
現在新しいタオルを探し中。

ゆるり母のちょっと一言よろしいかしら？

つい家事の主導権を握る者として
私の独断でものを選んでしまいがち
だけど……やっぱり皆の家だもの
皆の意見を聞かなければいけませんね。
反省、反省…。

家族で使うものは家族皆が使いやすいものがいい！
だからもっと家族の意見を聞いて欲しいの
全くその通りでございます……
よろしく頼むね！

コラム❸

私のDIY

一時期DIYにハマっていたことがある
きっかけは理想のサイズの棚がなかなか見つからず
でかい
奥行きが足りない！
ああ〜もう自分で作る
しかし――となったから
私はとてもDIYが下手だった
まず知識がないのに
調べてもよく分かんないしー
とりあえず作ってみりゃあいいかー
見よう見まねで作る

そして作業がいい加減
しまった！右側かたむいた！
ゲー！ねじも飛び出してんじゃん！
ちゃんと測ったハズなのになんで…っ！
作ることは好きなので色々挑戦するが学習能力は皆無
ホームセンター
ホームセンターのDIYコーナーが好き
ふら〜
だから下手どんなに作っても下手
頑張って作ってもすぐ壊れるので捨てるハメになる
もったいないんだからもう作るのはやめなさい!!
どうやら私にはＤＩＹの才能がないらしい
ということが分かったので最近はキャスターや取っ手を付けるぐらいのちょっとした作業にとどめている
私のＤＩＹパワーは「暮らしのちょっとした便利」に使われるだけ…

4章

我が家の「最後の砦」クローゼットの中身

「クローゼットにものが多い」。よく言われます。捨て変態を自称する私が、ここだけは「なんにもない」にできないのです。なぜなら、クローゼットの中身を愛しているから。それでも、一応「部屋着」は持たなかったり（家の中でも外出用の服を着ています）、靴下なども最小限に抑えたりはしているのですが。

そんな我が家の「最後の砦」とも言うべきクローゼットから、特にお気に入りをお見せしたいと思います。

白シャツ（P108）は定番アイテム。クローゼットも「いつかは減らせる」と信じて、今は無理に減らしません。

37

憧れの「一生もの」
黒革のバッグ

どこのもの？／ エルメス
買った場所／ デパート

私の理想が全部反映された、夢の一品

二十代後半の頃から「いつか手に入れたい」と思うバッグがありました。

それは、シンプルで流行に左右されず、年を取っても違和感なく持てる色とデザインのバッグ。しかもそれを憧れの「エルメス」にて買いたい！　というのが夢でした。

そのための貯金も開始。夢のバッグ貯金なら、いつもの百倍頑張れるのだから、私は文字通り現金な人間です。

不思議なもので目標があると「なんとなく好き」ぐらいのものには一切目が行かなくなっていました。

思えば、こうした経験から今の「どうせ持つならお気に入り」の精神が培われたのかもしれません。

そしてついにやってきた、運命の出会いの日。仕事先でフラリとデパートに立ち寄ったときのことでした。

「私が欲しかったのはこれだ!!」というバッグがあったのです。それがエルメスの「ヴィクトリアII」でした。

シンプルに見えて、ファスナーなど細部にこだわりがあり、ものがたくさん入っても形崩れしにくく、でも置いたときにちょっとくたっとする感じ。

そしていつまでも触っていたいと思うほどの手触りの革。控えめな場面でも持てて、どことなく凛とした空気をまとう黒。求めていたものが詰まっていたバッグでした。ずっとずっと使っていきたいバッグのひとつです。

おばあさんになっても
持っていたい…

よく見ると「H」のマークが。
使うたびに鍵もファスナーも
磨いています。

革のバッグは重いから
持ち歩ける筋力を
保とうと思う。

だってこのバッグ、
空の状態で
1kgぐらい
あるんだ……。

5kg

ずっしり。
でも好き♡♡

ちなみに母は私とは対照的で
バッグなどには一切興味がない。

そんなにバッグに使うお金があるなら本たくさん買うわ

と言っていて

底の縫い目にも美しい模様が……!!

このバッグを買った時は

あんた……あんた……
一体誰に似たの……?
ごめん

と怒られた。

38

見えない裏地までかわいい

古布スカート

どこのもの？／すずきかねこさん作
買った場所／セレクトショップ

手仕事好きの心を奪う一着

このスカートは、目に入るたび「買って良かったな〜」と実感してしまう一着。大好きなんですっっっ!!

出会いは馴染みのお店に散歩がてら立ち寄ったときのこと。その日は見るだけのつもりだったのに…そう、出会いとはいつも突然なんですよね。

だってこのスカート、すごいんです。まず、スカートの表面に施された手刺繍のクロス。ところどころ赤と青の糸が入っていて素敵。そして重要なのが…裏地がこけしちゃんなんです。淡い色合いのこけしちゃんがスカートの裏面を飾っているのです。私は未だかつてこんな可愛いスカートを見たことがありません。こけし万歳!

38 古布スカート

仙台生まれ
仙台育ち、
ばあちゃんの家には
大体こけし。
（私調べ）

裏地がこけし。東北人ゆえなのか
こけし好きです。

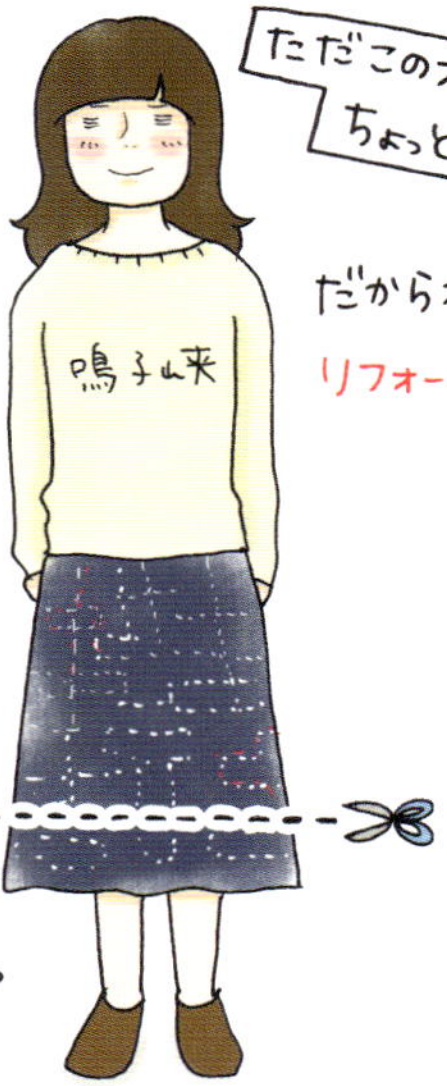
鳴子峡

ただこのスカートは
ちょっと長かった。

だから裾を短くする為
リフォームへ。

でも切った裾も
可愛くて……

この部分を →
使ってポケットを
2つ作ってもらった。

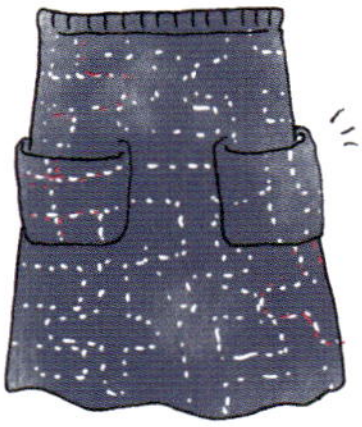

大きめの
ポケット
2つ。

このスカートをはいていると

皆には分からないけど、私は今、
こけしのスカートをはいているのよ
スカートの裏にこけしが沢山…

と、ニヤニヤしてしまう。

ポケットにも
こけし。
ポケットを開くと
ひっそりとこけしが
「どうも……」

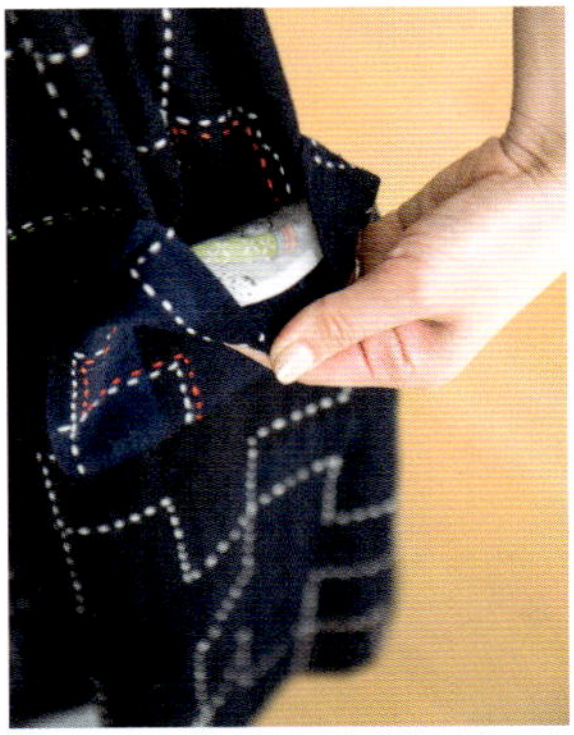

39

着膨れ知らずの冬の味方
ムートンコート

どこのもの？／ オーエンバリー
買った場所／ セレクトショップ

薄着で出かけられる暖かさ

長い間、いいムートンコートが欲しいと思っていました。それも「大事に長く愛用するぞ！」と誓えるもの。

しかし、私はお世辞にも痩せているとは言えない体型なので、デザインを間違えると丸太が歩いているように見えてしまう。丸太にだけは見られたくないけれど、でもやっぱり欲しい！という欲望に負け、デザインを吟味した結果、オーエンバリーの「URSULA」に出会ったのです。

内側がすっきりしているので、着膨れせず、暖かさも十分なので中は薄着でOK。これなら私もいくらか丸太感がなくなっているのでは…と期待しながら着ています。

間違えると、丸太。
冬になると仙台のアーケードに
丸太が出現するらしい。
え!? 何で丸太が 歩いてんの?
違うよ! あれ、人じゃ ない?
えー?! 人?! 丸太じゃねえ?
だから! だから! あれ丸太 だよ!
……なんて事になったら
悲しすぎて仙台の冬が
越せないので、
この形のムートンコートに落ち着いた。
私の体型でムートンは
鬼門だって分かっているけど
欲しかった……。
でも！でもでも！
ウェストがきゅっと
絞れるから！ね!?ね!?
ウェスト
きゅっ
そこまで厚手じゃないから
スッキリ着られて
しかも凄くあたたかいっっ！
ずっと大切に着られる
ものを選びました。

40

十年迷走して落ち着いた

定番スタイル

どこのもの？／ SHIPS（シャツ）、MACPHEE(スカート)、GUCCI（靴）、福島の作家さん作（かご）
買った場所／ セレクトショップ、プレゼント（靴）

定番が決まると買いものに迷わない

私はいわゆる「部屋着」を持たず、寝るとき以外、家でも外でも同じ服を着ています。基本のスタイルは、白シャツ＋スカート。

白シャツは、背中にタックがないものを選びます。その方が背中がスッと見えるので。私は気を抜くとすぐ背中が丸まってしまうので、猫背になっても目立ちにくいものを、試着して選ぶようにしています。

スカートはフレアばかり。悲しいことに下半身がたくましいので、少しでも隠したいのです…。猫の毛が付きにくい素材を選ぶのもポイントです。

出かけるときは、これに茶か黒の靴とバッグを合わせています。

白シャツが好きです。

気がつくと いつも白シャツ。だからか、洋服の
買い方も凄くシンプルになってきました。
クローゼットもだいぶスッキリ。

1つ これだ！と思うファッションのテーマを持つと、
色々シンプルにできて楽でいいです。

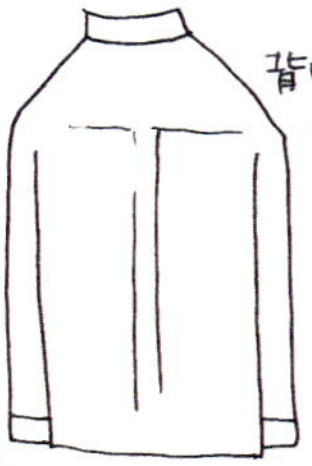

背中にタックがある
シャツはあまり着ない。

アイロンも
面倒だし♥

白シャツではないけれど
よく着ているシャツ。

中川政七商店の
綿麻ラグラン
ワークシャツ
ボタンは
自分好みのものに
カスタマイズ。

アイロンのかかりがめちゃくちゃ良く、
パリッと仕上がるので、見ていて美しい。
でもかけなくても様になるシャツ。
着心地が良く、丈夫。

大体いつもこの格好かも。

最近はいつもこんな感じ。
シャツはそれぞれ違っても
色味はほぼ一緒なので、
周りの人からは絶対
「何でこの人はいつも同じ
格好なんだろう……？」と
思われているに違いない。

山ぶどうのカゴバッグは
福島の作家さんの
もの。

中のものをスカーフで
包んで持ち歩く事も
あります。

41

夫の祖母からの贈りもの

お手製の浴衣

どこのもの？／ 夫の祖母手作り
買った場所／ プレゼント

私にとっても「家族愛の象徴」

夫の祖母は今年で九十歳。でもとてもそう見えないほど元気で、趣味で育てている野菜は天下一品！

もうひとつの趣味…というより特技は縫いもので、なんでもちゃちゃっと作ってしまうマジシャンのような人なのです。

そんな夫の祖母に作ってもらったのがこの浴衣。結婚した年に私がわがままを言って作ってもらいました。

いくつになっても着続けられるデザインの生地は義理の母のセレクト。合わせて帯と下駄も選んでもらいました。

大事な大事な宝物なので、クローゼットに入るたびそっと撫でています。

夫のおばあちゃんは何でも作れちゃう

まるで…… マジシャン

夫のおばあちゃんは とっても元気
おばあちゃんは野菜作りと お裁縫が趣味で
何でも ちょちょいのちょいで 作っちゃうんです!

生地はお義母さんセレクト。

何色がいいの?
紺!!
あとはおまかせします! 私に似合いそうなものを選んで下さいっっ!!

↑ というムチャぶりをしたら (すみません……)
こんな素敵な柄が!!

いいのよー
気に入ってくれて何よりよー

夫の浴衣も
メイド イン おばあちゃん。

これおばあちゃんに使ってもらったんだー。元々はおじいちゃんの着物だったんだー
ほわ
ほわ

↑
凄く嬉しそうに
自慢してきた
つとむ。

羨まし過ぎて 私も作ってもらった。

42

やっぱりレトロなものが好き！

古手ぬぐい巾着

どこのもの？／ 右：不明　左二枚：夫の祖母手作り
買った場所／ セレクトショップ、プレゼント

見ているだけでも心がなごむ

馴染みのお店で見つけた、古布で作った桃色の巾着にノックアウト（私は本当によくノックアウトされます）、私の中で空前の古手ぬぐいブームが来ました。

そんな折、夫の祖母が古手ぬぐいで寝巻きを作っていることを知りました。夫の実家は昔養蚕をしており、当時の手ぬぐいをリメイクしていたのです。それがとてもかわいかったので、図々しくもリクエストして、世界にひとつだけの巾着を作ってもらいました。

桃色の巾着は柿渋染めで、鶴のイラストが魅力。鶴の頭の赤色が生地の桃色とよく合っていて可愛い！

持ち手の紐の端が柄違いの布で四角く縫われているのも、作家さんのこだわりが感じられて好きなポイントです。

42 古手ぬぐい巾着

ゆるりまいは 古手ぬぐい巾着 がお好き♥

汚家時代の我が家にも レトロなものは山程あったけれど、
その頃の私には 疎ましいものでしかありませんでした……💧
でも今の家に住んでみると、やっぱり心惹かれるのは
昔ながらのものでした。

> 保存状態も悪かったし

> 大事な 仕事道具 を入れています。
> 虫は苦手だけど、この巾着の蚕なら平気！

> 懐中電灯・ミニラジオなどの 非常グッズ を入れています。
> この鍬を持ったイラストの可愛さったら もうっっ！！ ♡
> 非常時でも励まされそう。

> 旅行に行く時の サブポーチ として使っています。
> 見た目以上にたっぷり入ります。

43

どうにか三つまで絞りました…

三種のポーチ

どこのもの？／ oraho by yammasangyo（緑）、エルメス（ピンク）、バガイユ（花柄）
買った場所／ ネット通販、デパート

用途を絞って数も絞って

つい増えてしまうポーチ類ですが、用途が決まらないものは、思い切って捨てて、今はこの三種に絞りました。

ショッキングピンクが美しいエルメスのポーチは、メイク用品入れ。中がフカフカしていて外からの衝撃にも強いので、メイク用品も安心です。

花柄のバガイユはフランスのテキスタイルブランドで、迫力ある鮮やかな色が大好きです。派手好きだった頃の要素が残った一品…。

oraho by yammasangyo の会津木綿トートは、バッグインバッグとして。これをきっかけに緑色が好きになりました。手持ちのアンティークのブローチを付けておめかししています。

気が付くと増えている?! ポーチ類。

可愛いものがあると、ついつい買っちゃう罪つくりなポーチ……。

なるべく増やさないようにしているのに……
雑誌の付録にも付いてくる時代ですしね

私が厳選しまくって残ったポーチはこれだ！

またまたエルメス先生の登場です。
ブランド好きですみません。
なるべくロゴが目立たないものを
買うようにしているんですが、
これは可愛くて買っちゃった。

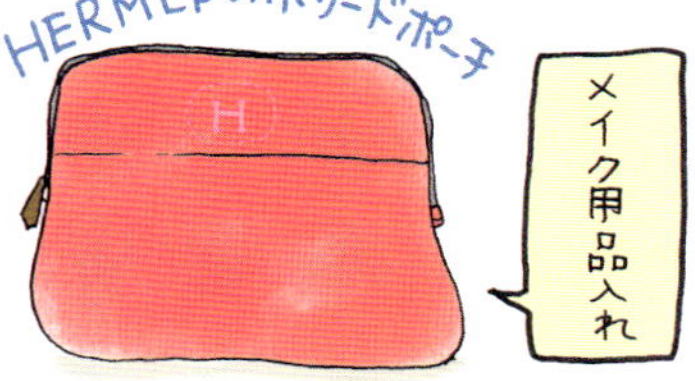
HERMESのボリードポーチ
メイク用品入れ

Bagailleのポーチ
バッグインバッグに入らなかった小物用ポーチ

ベロアの光沢が素敵なバガイユのポーチ。夏はちょっと暑いけど、気にせず使用。パリジェンヌに憧れていた甘酸っぱい過去を思い出させますな。

いや、どっちかっていうと
しょっぱくねえ？

ゆるりさん、これポーチじゃなくてトートですよ？
てへ！だってどうしても紹介したかったんだもん♡

oraho by yammasangyoのポーチ トート
バッグインバッグ
oraho

意外と大容量でガンガン使える
ミニトートバッグは、現在バッグインバッグ
として活躍中。
内ポケットのところに
"oraho"のロゴが捺してあるん
ですが、そこがとてもツボです。

44

名刺入れとして愛用

がま口財布

どこのもの？／ 水金地火木土天冥海 × 文庫屋大関
買った場所／ セレクトショップ

本来の用途とは異なる使い方

名刺入れを探していたはずなのに、お店で手にしたのは、がま口財布でした。同柄のカードケースがあったのに。

白地に緑と朱色の雁が映える柄はもちろん、お財布の形とがま口のゴールド金具が可愛くて、ひと目惚れ。

なめし革に型押しなので表面がモコモコしているところ、がま口特有の閉めたときのパチンという音、財布の脇にストラップが付けられるところ（私はふだん巨大なドングリを付けています）、中身が見やすく（でも開きすぎないので相手からは見えない）、ポケットもあるので名刺が取り出しやすいところ……って、あぁ！　好きなところを挙げたらキリがないくらい好きです。

45

仕事の相棒

ポストイットケース

どこのもの？／エルメス
買った場所／デパート

エレガントな実用品

付箋は、大事な仕事道具のひとつ。漫画のネームを描くときや、To Do リストを書くときなどに使います。

最初は裸のまま持ち歩いていたのですが、すぐに剝がれたり汚れたりするので、ケースが欲しいと思っていたところ……憧れのエルメスで見つけてしまいました。

目が細かく滑らかな革のケースは、多少の傷がついても、指で馴染ませればすぐに元通り。実用面でも優れています。

私は外出から帰ると、鞄の中のものを全部クローゼットの台に出すのですが、このケースを置くときは、思わず「今日もありがとう」と心の中で呟いてしまいます。

46

ハンカチだけど一生もの

スワトウ刺繍のハンカチ

どこのもの？／ 中国汕頭地方
買った場所／ 銀座和光

芸術品を日常使い

私の持ちものの中で、最も女性らしく可憐なアイテムといったら、このスワトウ刺繍のハンカチではないでしょうか。

　これを買った日のことを今でも覚えています。ハンカチを買うため、初めて銀座の和光に入り、あまりの高級感に変な汗をかきつつ見せてもらい、その値段に軽く眩暈《めまい》を覚え(覚悟して行ったのに)…。それでもなんとか真剣に好みの柄を選んだものです。

　この刺繍は何時間でも見ていられます。芸術品を買ったのに近い感覚でしょうか。よし決めた。私が死んだらこのハンカチを一枚、棺桶に入れてもらおうと思います。

46 スワトウ刺繍のハンカチ

これはもう、ハンカチという名の芸術品だと思うのです。

…だってこれ、ハンカチの値段じゃないぜ？

だけど普段使いもします。

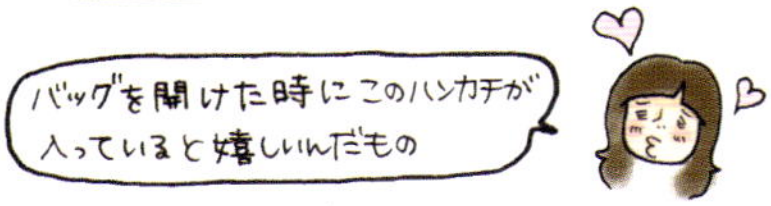
バッグを開けた時にこのハンカチが入っていると嬉しいんだもの

とか言うと、うちの祖母が

TPOをわきまえるのが本当のおしゃれよ！
あんたはものの価値が分かっていない！

と怒ってきそうですが、
せっかく持っているのに大切にしまいっぱなしなのも勿体ないかなーと思うんです、私。
だからその分、優し〜く手洗いしてめちゃくちゃ丁寧にアイロンをかけています。
（店員さんにはクリーニングに出すことをすすめられたけど……）

ねえ！なんでこんなに美しいの？！お願い！教えて！！！！

このハンカチの端の切り抜かれている部分とか…たまらんっっ！

美しすぎて胸が苦しいのですが…

私が死んだら棺桶に

家族よ、私が死んだらこのハンカチを一枚棺桶に入れておくれ。
そして残ったもう一枚は欲しい家族がいたら使っておくれ。
ただしくれぐれも丁寧に扱って下さいね

47

後片付けをスマートに

陶器の小物入れ

どこのもの？／ 不明
買った場所／ 陶器市

ヘアピンから消しかす入れに

これは、宮城県村田町で開催された蔵の陶器市で買った小物入れ。古墳みたいな（!?）形がかわいくて、購入しました。サイズは、直径4センチほどのものしか入らない小ささ。

当初ヘアピン入れにしていましたが、最近ヘアピンを処分したので、次に思い付いた用途は「消しかす入れ」でした。

出先で仕事をしたときに出る消しゴムのかすを、今まではティッシュに包んで自宅で捨てていたのですが、もう少しスマートにしたくて、この小物入れに集めるように。

ふたが開かないよう革ひもを巻いたり、裏に滑り止めパッドを貼ったりと、色々アレンジして使っています。

pokke

kururi

コラム❹

お気に入りの洋服はレッツリフォーム！

最近
洋服のリフォームを
するようになった
好きだけど
私には丈が長いなー
気に入って買った洋服に
物足りなさを感じたこと
ありませんか？
デザインやサイズ 色 素材 価格
すべてが理想通りの
服を探すのは大変
理想
どこか少し
妥協して買うことが
あるのです
でもやっぱり着心地が良くなかったり
しっくりこなかったりして
タンスのこやしになっていき
結局処分することに

でも思い入れがある服だと処分できずに溜まる一方
それだとスペースも服ももったいないと思いリフォームすることにしたのです
最初のきっかけは一着のコート
KEITA MARUYAMAのコート
鮮やかできれいだったけど年々着られなくなっていったもの
好きだけど今の私には着こなす勇気がない……
色は合わないけど形がすごく好きだし素材も好き
落ち着いた色なら今の私でも着られるのにー
黒も売ってたんだから黒の方を買えばよかった！

――そうか！黒に染めちゃえばいいのか！
そう思い付いて即行動
縮む可能性はありますが、可能な限りやってみます！
と言ってくれた。
素材が特殊なものだったので業者さんを探すのは大変でしたがなんとかいいところを見つけて依頼
そして戻ってきたコートいい具合に落ち着いた色になっていて
今も現役で頑張ってくれている
なるほどリフォームっていいな
味をしめた私
今までちょっと不満を持ちつつ着ていた洋服を
一斉にリフォームに出すことに
ドッサリ

丈を詰めたりポケットを付けたりと
色々お願いしてみた
唯一自分でやれるのはボタンの付け替え。
ボタンを自分の好きなものにするだけでお気に入り度up!
本当は自分でやればいいのだけど
不器用なのでおとなしくプロに頼む
腕が良くて雰囲気のいいリフォーム屋さんを見つけることもできた
親身になってくれるリフォーム屋さんっていいですよね。
「好きだけどここが惜しい」という服は
心機一転
頑張ります!
無理して捨てず惜しいところを直すのも手です
一番もったいないのは着ない服でクローゼットのスペースを埋めること
リフォームしてまではちょっと……という服は
処分の対象かも!
せっかくだからまた着られるようにリフォームしてみてはいかがですか?

おわりに

こうしてみると、自分のひと目惚れ率の高さに驚きです。いや、人ごとのように言っている場合ではないのですが。ただ、汚家時代と今とを比較して、ひと目惚れの質は大きく変わってきたと思います。汚家時代は、自分の持ちものを把握できていなかったので、似たようなものをいくつも買ったり、持ち帰ったら家に合わなかったりして、当初の情熱がすぐに冷めて捨てることの繰り返しでした。

汚家を脱し、自分の持ちものを把握できるようになった今は「好き！」と思ったらまず「自分の暮らしに合って、長く付き合えるのか」を自問自答するようになりました。

そうすると、好きだけど暮らしには合わないもの、家にあるものが好きすぎて、似たタイプに目が行ってしまったものなど、「ひと目惚れ」の違いが見えてきます。

迷ったときはまず帰宅（もしくはＰＣを閉じる）。そして家にあるものたちに、心で問いかけます。「代用できるものはないか？」「似たものはないか？」…。そんなふうに家を見渡しているうちに、大体「今あるものでいいじゃないか」と冷静になれるのです。それでも情熱が冷めないものならば、お買い上げＯＫ。いそいそとお店に向かいます。

……なんて偉そうに語っていますが、値が張るものを買って家族に「分不相応！」と怒られることもあります。私が私でなかったら、同じことを言うと思うので、その言葉は素直に受け止めます。そして心を込めて使い、お手入れしながら「分相応」な人になれるよう、自分を精進させるしかありません。ものが好きだから、愛するもののためなら、何だって頑張れます。

皆さまの「ものとの暮らし」もまた、より楽しいものになることを祈りつつ、今日も私はもの選びに繰り出します。（でも買う時は熟考します！）

最後まで読んでくださり、ありがとうございました！

２０１４年８月　ゆるりまい

■ゆるりまいの好評既刊

なんにもない部屋の暮らしかた

KADOKAWA　1,200円（税別）
ISBN 978-4-04-066136-0

「なんにもない部屋」で、
家族と一緒に快適に暮らすための知恵と工夫

なんにもない部屋の もの選び

2014年8月1日　初版第1刷発行

著者　　　ゆるりまい
発行者　　三坂泰二
編集長　　藤本絵里
発行所　　株式会社KADOKAWA
　　　　　〒102-8177　東京都千代田区富士見2-13-3
　　　　　Tel　03-3238-8521（営業）
編集　　　メディアファクトリー
　　　　　Tel　0570-002-001（カスタマーサポートセンター）
　　　　　年末年始を除く平日10：00～18：00まで
印刷・製本　図書印刷株式会社

ISBN 978-4-04-066940-3　C0095
Ⓒ Mai Yururi 2014
http://www.kadokawa.co.jp/

※本書の無断複製（コピー、スキャン、デジタル化等）並びに無断複製物の譲渡及び配信は、著作権法上での例外を除き禁じられています。また、本書を代行業者などの第三者に依頼して複製する行為は、たとえ個人や家庭内の利用であっても一切認められておりません。
※定価はカバーに表示してあります。
※乱丁本・落丁本は送料小社負担にてお取替えいたします。カスタマーサポートセンターまでご連絡ください。古書店で購入したものについては、お取替えできません。

Photo　　　　片岡　祥（PPI inc.）　※p.113, 115のみ、ゆるりまい撮影
Book Design　石松あや（しまりすデザインセンター）